주술의 세계

Book of Spells

Future Publishing 지음

강영준 옮김

AK TRIVIA BOOK

WELCOME

주술의 세계에 어서 오세요

주술의 힘을 손에 넣고 싶다고 생각한 적이 있는 사람은 많을 것이다. 주술은 초자연의 신비한 깊은 뜻이지만, 제대로 배우고 진지하게 노력하면 통달하고 실천할 수 있다. 그를 위해서는 먼저 그 역사—태고의 주술 신앙과 문서, 수 세기에 걸쳐 실천되고 발전해온 주술 이론—에 주목해야 한다. 이 책에서는 몇 가지 고대의 주술 문서와 그것들이 다루어지는 법, 주술에 필요한 재료를 모으는 법과, 주술에 힘을 주는 도상과 제사를 배우고 실제로 도전해본다. 그러나 갑자기 주문을 읊는 것이 아니라, 우선 주술의 역사와 이론에 주목해보자. 어떤 분야에든 할 수 있는 말이지만, 주술도 배우면 배울수록, 실천하면 할수록 실력이 늘어난다. 조바심은 금물이다. 이 책의 후반에는 실천할 수 있는 주술을 주술 노트로 소개한다. 메모할 수 있도록 해두었으니 결과와 함께 주술을 사용한 날의 일시, 별자리, 달의 위상 등을 기록하면 그것들의 영향 정도도 확인할 수 있을 것이다. 당신의 주술 경험은 당신만의 것이다. 주술로 무엇을 이루어낼지는 당신에게 달렸다.

Contents

History
역사

Theory
이론

History

역사

마녀, 마법사, 요정은 주술의
달인이다. 그들은 그 힘을 구
사해 마법이나 저주를 걸어
바람을 이룬다.

중동 고대 말기의 주발. 호신주구의
일종으로 악마를 사로잡기 위해 안
쪽에 주문이 소용돌이 모양으로 적
혀 있고, 위아래가 반대가 되어 묻
혀 있다.

주술적인 말
MAGIC WORDS

"주문에는 여러 형태가 있으며, 소원을 이루거나 마법적인 변모를 일으키거나
경쟁 상대의 운명을 좌우할 수도 있다."

디디 차이니

말에는 주위의 세계를 바꾸는 힘이 있다고 믿는 사람이 적지 않지만, 모든 말이 그러한 힘을 가지고 있지는 않다. 주문은 주술의 어구로, 특수한 억양에 따라 발음한다. 영어로 주문을 의미하는 'Incantation'의 어원은 라틴어로 'incantare(노래하다, 매혹하다)', 'enchant(매료하다, 주술을 걸다)'도 마찬가지다. 주문은 대개 의식이나 제사 등 특수한 상황에서 쓰이며, 그 신성하면서 마법적인 성격이 표현된다. 시, 노래, 선율의 형식을 띠고 읊는 사람의 뜻에 명확하고 마법적인 힘을 부여하며, 사물이나 인간에게도 힘을 미친다.

소리 내어 말하는 것 자체가 의식적인 행위이며 세계 각지의 종교적 의식에서 신성한 행위로 여겨지는 경우도 드물지 않다. 어떤 말을 소리 내어 하는 것만으로 읊은 사람도 동석자도 일상의 바깥으로 밀려나 마술적인 심리 상태에 들어갈 준비를 갖춘다. 그러면 의심이 걷히고 말 자체에 힘이 있다는 확신이 생겨난다. 주문은 소통 수단이 아니라 비밀이며, 비일상적인 말이나 순서가 반대인 말 등 의미 없는 말이어야 한다. 대부분 마술적인 말은 이를 사용하는 공동체의 생활과 습관을 잘 아는 자에게만 모종의 의미를 지니며, 그들은 이를 통해 자신의 의도대로 동료를 만들거나 배제하고는 한다. 마술적인 말은 이를 이해한다는 의미에서도, 노린 상대에게 영향을 미친다는 의미에서도 '힘' 그 자체. 주술사는 '호커스 포커스'라고 읊고 주술을 마무리한다. 3세기 로마의 부적에는 '아브라카다브라'라고 적혀 있어 이 부적을 가지고 있으면 말라리아가 낫는다고 믿었다. 민화나 동화에서는 주문이 부적 등의 역할을 맡으며 종교에서는 명상 중 변성의식 상태를 일으키는 만트라(반복되는 성스러운 소리, 음절, 말)도 주문의 일종으로 여긴다.

기도도 일종의 주문이 될 수 있다. 기도는 대개 신이나 선조의 영광을 기리고, 감사하고, 도움을 구하기 위해서 읊어진다. 먼 옛날 기독교 수도승은 수호를 바라며 '로리카(Lorica)'라는 기도를 올렸다. 마찬가지로 기사도 투구나 갑옷에 이 기도를 새기고, 전장에 가기 전에 수호를 기원하며 같은 구절을 읊었다. '로리카'라는 말 자체가 '갑주', '흉갑'을 의미한다. 바이킹과 앵글로색슨은 치료에 주문을 사용했다. 그 중에서도 가장 유명한 것이 고대 노르웨이의 신 발드르의 말의 탈구를 고치고 적의 대군에서 벗어나기 위한 메르제부르크의 주문이다. 고대 로마에서는 적에게 해를 입히거나 소중한 사람의 치유를 빌거나, 건강이나 풍작을 빌기 위한 카르멘(시)을 읊었다.

『카르미나 가델리카 (The *Carmina Gadelica*)』는 19세기 스코틀랜드에서 수집된 선율, 주문집.

메르제부르크의 주문을 읊는 오딘. 「뼈 탈구, 피 탈구, 관절 탈구에는, 뼈는 뼈로, 피는 피로, 관절은 관절로. 그것들이 이어지도록」.

세계적으로 유명한 알리바바는 40인의 도적이 주문 '열려라 참깨'를 읊고 소원을 이루어 비밀 동굴의 문을 여는 모습을 목격했다.

마술적 사고
MAGICAL THINKING

"주술에는 어엿한 긴 역사가 있으며,
수 세기에 걸쳐 종교와 과학과
연관되어 깊은 영향을 주고
지금도 사람들과 공명하고 있다."

에이프릴 매든

전기 1

피라미드 계획
기원전 2686~2181년경

이집트 고대왕국의 피라미드 문서는 현존하는 세계에서 가장 오래된 주술 문서다. 원래 고대 이집트의 종교, 특히 내세와 재생의 신 오시리스 신앙과 관련이 깊었고 죽은 자의 혼이 아크(죽은 자가 온갖 형태를 취해 산 자의 세계를 찾아올 수 있는 혼의 모습)가 되는 마술적인 과정을 서술하고 있다. 아크의 상태에 도달하려면 몇 가지 조건을 충족해야 한다. 혼은 진실의 여신 마아트의 심판에 합격해야 하며 살아 있던 시절의 몸으로 묘지에 매장되어야 한다.

북방주술
기원전 5세기

철기시대 후기, 스칸디나비아 사람들은 두 종류의 주술을 사용했다. 하나는 세이드(일종의 예언), 또 하나는 갈드르(주문), 즉 노래하거나 소리 내어 주문을 읊는 것이다. 이런 문화는 북유럽과 러시아에 널리 영향을 미치게 된다.

기독교 발흥
1세기

기독교의 초기문서에서는 마법사 시몬 마구스(Simon Magus) 등이 사용한 주술을 악마적이라 하여 쫓아냈다. 이러한 개념은 기독교권 전체에 퍼져 수 세기 동안 지속됐다.

주술의
오랜 역사
Magic through
the ages

원시 의식
구석기시대

사람들은 사냥할 동물이나 선조의 속죄 의식에 관한 지식을 바탕으로 예술작품을 만들었다. 기묘한 인간과 동물을 그린 그림도 있으며 훗날 샤먼 상으로 이론화되었다.

전기 2

마기의 왕
기원전 5세기

페르시아제국의 국교는 조로아스터교다. 중동, 지중해와 인도, 아프리카, 중국의 일부 등 제국 영지에는 마기라 불리는 신관이 있었다. 이 마기 조각상도 당시의 것이다(배화신전의 성스러운 불이 자신의 숨으로 더럽혀지지 않도록 베일을 쓰고 있다). 마기는 유력한 정치가로, 날씨를 좌우하고, 해몽을 하고, 점성술로 미래를 예언할 수 있다고 믿어졌다. 고대 그리스인은 주술을 신비의 힘을 지닌 그들의 이름에서 따와 'magic'이라고 불렀고 현재에 이르렀다.

드루이드의 지혜
기원전 4세기

유럽 대륙과 브리튼제도 켈트 문화의 기록에는 정치적 지도자 드루이드에 대해 언급하고 있다. 그들은 전승을 지키고, 입법을 하고, 정치적인 조언을 하고, 주술을 사용하며, 질병과 부상을 치료했다. 그리스 학자는 그들의 철학과 피타고라스의 철학을 비교했다.

화학자의 신앙
3세기

일찍이 기원전 4세기부터 그리스, 이집트 사람들은 금속이나 광물의 특질이나 식물을 추출하는 기술을 연구했고, 3세기까지 이를 철학으로서 완전히 체계화하여 새로운 사고법을 확립했다.

주술을 믿는 사람은 많지 않다. 하지만 믿은 적이 있는 사람은 드물지 않을 것이다. 믿지 않는 사람은 주술이라니 우습다, 『해리 포터』처럼 평범한 일상생활의 현실의 뒤편에 숨겨진 세계 따위는 없다고 단언한다. 하지만 사실 주술의 이론과 실천에는 오랜 역사가 버젓이 존재하며, 믿든 말든 그 과정에서 생겨난 철학과 기술의 진보가 없었더라면 21세기 세계는 합리주의적이면서 과학적인 현재와는 다른 양상을 띠고 있었을 것이다.

사회학자는 종종 주술을 핵심으로 삼는 두 사항을 연결해 생각한다. 바로 종교와 과학으로, 우리도 이 두 개념을 단서로 삼아 주위의 세계를 이해하고 있다. 종교는 신이라는 프리즘과 성직자가 신자들에게 규정한 율법을 통해 실존하는 신비를 설명하려 하는 한편, 과학은 직접적 물질세계를 상세히 연구해 개인으로서는 도저히 감당할 수 없는 각각의 사물을 학식으로서 이론화함으로써 신비를 설명하려 한다.

화학, 천문학 등 많은 과학 분야의 근간에는 고대의 주술 개념이 자리 잡고 있다.

주술은 이 두 개념의 중간에 있다. 현대의 주술사라면 주술에는 깊은 신앙심과 현명한 엄밀함이 필요하다고 주장할 것이다. 실제로 현대의 많은 주술사가 위카(Wicca, 네오페이거니즘[신이교]의 일파) 등의 이교를 신앙하지만, 수 세기 전의 신자 혹은 무종교인은 현대의 우리가 과학을 이용하듯 주술을 이용했다. 그들은 주술을 통해 자연현상의 의미를 설명하고, 예측하고, 동식물의 특질을 이해하고, 질병과 부상을 고치기 위해 의학과 기술을 발전시키고 많은 훌륭한 것들을 만들어냈다. 그러나 많은 사람들은 주술에 그 이상의 무언가, 주술을 종교나 과학과는 별개의 개념으로 만드는 무언가가 있다고 여기고 있다. 현대의 오컬트주의자 알레이스터 크롤리(Aleister Crowley)는 주술을 '뜻과 일치해 일어나는 변화를 유발하는 과학이자 기교'라고 적절하게 정의했다. 무슨 일을 일으키기 위해 행동하면 실제로 일어난다. 이것이 그가 정의하는 주술이며, 인간이 수 세기 동안 실천해온 것이다.

"주술은 과학과 종교의 중간이다."

마녀의 계절
1580~1750년경

유럽과 미국에서는 악마적인 주술을 둘러싼 대규모 히스테리 현상이 발발했다. (주로 개신교도인) 마녀사냥꾼은 여성이나 하층계급 남성, 특히 농촌에서 치료 행위에 종사하던 커닝 포크[p25]를 표적으로 삼았다. 한편 유복한 유력자는 잘 노려지지 않았으며, 그들이 힘쓴 연금술 연구는 훗날 근대 과학으로 이어지게 된다.

식민지에 대한 선입견
17~18세기

서유럽은 세계 각지를 식민지로 삼고, 유럽을 비롯한 각 지역의 기독교 시대 이전의 문화, 종교, 주술 전통을 무자비하게 단죄했다. 모든 것을 탄압했으며 남겨진 기록은 불완전하고 부정확한 헛소리로 치부했다.

전기 4

뉴에이지
1950년~현대

1951년 영국에서 요술금지령이 폐지되자, 서유럽 세계에는 마술적 사고의 새로운 파도가 일었다. 의식주술이 중심인 위카는 많은 사람들을 끌어 모았으며, 그 외의 많은 이교적이자 영적인 조류가 일어났다. 타로 점이 인기를 끌고 정통파 신문과 잡지에도 점성술이 실리게 되었다. 높아져만 가는 오컬트에 대한 관심은 더 광범위한 사회 흐름의 현상 중 하나이며, 사람들은 인생을 제어할 수 있다는 감각을 원한다는 분석과 이러한 관심은 전통적 종교에 대한 불만, 판타지 소설, 만화, TV 방송, 영화의 인기가 높아지는 것에서 기인한다는 주장이 제기되었다.

THE MAGICIAN.

전기 3

유럽에 연금술이 전래되다
12세기

그리스, 이집트인이 수립한 연금술은 아랍의 학자들에게 수용되어 '알키미야(al-kymiya)'라고 불렸다. 그 뒤 이슬람권 스페인을 거쳐 유럽에 전래해, 성경을 바탕으로 주술을 연구하던 과학 지향 성직자와 귀족계층 학자들이 열심히 연구했다. 신비로운 현자의 돌이나 비금속(卑金屬)을 귀금속으로 변질시킨다는 개념을 추구하는 연금술은 중세 후기와 르네상스 사회에 영향을 미쳤다. 다만 사실 이러한 개념은 연금술사 자신의 인적, 영적 성장의 은유(메타포)였을 가능성도 부정할 수 없다. 유럽의 저명한 연금술사로는 엘리자베스 1세 궁정의 주술사 존 디(John Dee)가 거론된다. 연금술의 개념은 쇠락하지 않고 오컬트 부흥에도 영향을 주었다.

오컬트의 부흥
19세기 후반

빅토리아 왕조 후기의 인습에 사로잡히지 않는 지식인들은 심령주의(spiritualism), 전기독교 시대의 종교 연구와 심령(psychic)적인 힘에 관심을 보였으며, 연금술, 고대의 이교신학, 약간 남아 있었던 민간 주술 전통의 연구에 착수했다.

주술의 전쟁
1939~45년

상층부가 오컬트에 사로잡힌 나치 독일의 폭격과 침략으로부터 영국을 지키기 위해 다이언 포춘(Dion Fortune)과 같은 의식주술 실천자나 제럴드 가드너(Gerald Gardner) 같은 위카 실천자가 의식을 치렀다.

페르시아 제국의 수도였던 페르세폴리스는 고대 조로아스터교의 중심지였다. 그곳의 사제들은 주술을 행하는 데 그들의 이름을 붙였다.

고대 주술사의 의식
RITES OF THE ANCIENT MAGES

주술의 개념은 선사시대 문화부터 계속 성장하여, 탄생하고 있던 문명에 침투해갔다.

석기시대 사람들이 남긴 예술품과 공예품은 주술의 개념을 나타내는 초창기의 징표다. 이러한 것을 만들어낸 수천 년 전 고대인의 속내를 엿볼 수 있는 문서는 존재하지 않으나, 당시의 배경을 바탕으로 그 사용법과 의미를 짐작할 수는 있다.

중·후기 구석기시대(8만~4만 년 전) 동안 수렵과 채집을 하며 살던 사람들은 많은 기존의 기술을 발전시키면서 신기술도 발명했다. 예술 작품을 만들기도 해서 그 작품은 그들의 생각을 알아낼 단서가 되었다. 수렵 동물을 그린 동굴 벽화는 언제 어느 동물을 잡을 수 있는지에 대한 정보(베테랑 사냥꾼이 젊은이에게 구두로 전했다)를 기록한 것 혹은 동물신앙의 증거로 짐작된다. 동물신앙에서는 수렵을 나가기 전에 의식의 일환으로 그려진 그림에 동물의 혼이 깃들어, 이에 따라 사냥꾼은 동물을 사냥하고 죽일 수 있다고 믿었다. 또 사냥꾼 무리가 사냥감을 죽인 뒤 벽화를 그리는 것은 이 생명을 영원한 것으로 하고 희생에 경의를 표한다는 의미도 있었다. 어떤 벽화에는 반 인간, 반 동물인 기묘한 생물이 그려져 있어서 샤먼과 자연계의 관계가 엿보인다.

고대인들은 신이나 정령뿐만 아니라 선조의 무덤에도 제물을 바쳤는데 이것이 발전해 죽음과 황천에 관한 종교의식이 나타났다. 그중 가장 대표적인 예시가 고대 이집트의 신앙 시스템으로, 현재 알려진 가장 오래된 종교 문서도 이집트에서 출토했다. 피라미드 문서가 종교서로 여겨지는 것은 이것이 문서화된 신학의 일각을 이루고 있기 때문인데, 주문도 포함되어 있기 때문에 주술 문서라고 부르는 편이 적절할 것이다. 특히 무덤 벽에 새겨진 문장에는 죽은 자가 자신의 시신을 지키고 저승에 가기 위한 절차가 적혀 있다.

> ### "헤로도토스는 마구가 (중략) '바람에 주술을 걸어' 태풍을 잠재웠다고 서술하고 있다."

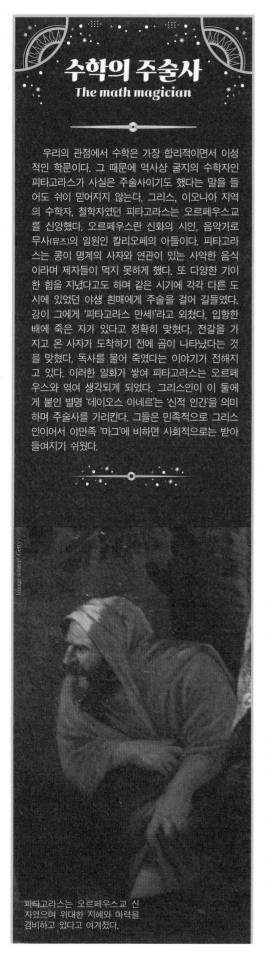

수학의 주술사
The math magician

우리의 관점에서 수학은 가장 합리적이면서 이성적인 학문이다. 그 때문에 역사상 굴지의 수학자인 피타고라스가 사실은 주술사이기도 했다는 말을 들어도 쉬이 믿어지지 않는다. 그리스, 이오니아 지역의 수학자, 철학자였던 피타고라스는 오르페우스교를 신앙했다. 오르페우스란 신화의 시인, 음악가로 무사(뮤즈)의 일원인 칼리오페의 아들이다. 피타고라스는 콩이 명계의 사자와 연관이 있는 사악한 음식이라며 제자들이 먹지 못하게 했다. 또 다양한 기이한 힘을 지녔다고도 하며 같은 시기에 각각 다른 도시에 있었던 야생 흰매에게 주술을 걸어 길들였다. 강이 그에게 '피타고라스 만세!'라고 외쳤다, 입항한 배에 죽은 자가 있다고 정확히 맞혔다, 전갈을 가지고 온 사자가 도착하기 전에 곰이 나타났다는 것을 맞혔다, 독사를 물어 죽였다는 이야기가 전해지고 있다. 이러한 일화가 쌓여 피타고라스는 오르페우스와 엮여 생각되게 되었다. 그리스인이 이 둘에게 붙인 별명 '데이오스 아네르는 '신적 인간'을 의미하며 주술사를 가리킨다. 그들은 민족적으로 그리스인이어서 야만족 '마그'에 비하면 사회적으로는 받아들여지기 쉬웠다.

피타고라스는 오르페우스교 신자였으며 위대한 지혜와 마력을 겸비하고 있다고 여겨졌다.

고대에 종교와 주술은 밀접한 관련이 있었다. 페르시아는 그 경향이 어디보다 강한 곳이었다. 미증유의 규모를 자랑한 페르시아제국은 유럽에서 아프리카, 인도까지의 땅을 다스리고, 그 언어와 문화는 지금에 이르기까지 큰 영향을 미치고 있다. 아케메네스 왕조 시대에 국교인 조로아스터교의 신관 계층이 세력을 뻗쳐 '마구(magu)'라 불리게 되었다. 이것은 인도유럽조어에서 '능력이 있다'를 의미하는 '마그(magh)'에서 유래하며 '마구스(magus)'는 '무언가'를 하는 능력이 있는 자를 가리킨다.

그리스의 역사가 헤로도토스('Ηρόδοτος)는 마구(혹은 마기)는 왕에게 조언하고, 의식을 치르고, 해몽을 한다고 설명했다. 천문학을 배운 그들은 월식과 일식, 별똥별을 예측하는 능력을 지니고 있었다. 배화신전이라 불리는 성소에서는 성스러운 불꽃이 마치 의지를 지닌 듯 끊임없이 타올랐으며(실제로는 대개 교묘한 기술이나 자연 가스 배출의 산물), 신관들은 왕권과 인심을 확실히 장악했고, 그 신비로운 힘의 명성은 국외에까지 퍼져 나갔다. 『역사』 제7권에서 헤로도토스는 마구가 선조의 영과 바다의 여신에게 제물을 바치며 '바람에 주술을 걸어' 태풍을 잠재웠다고 서술하고 있다.

'마구'라는 말은 각지에 퍼져, 그리스로는 magos, magoi, magiea, magike, 아라비아어로는 majūs, 고대 중국어로는 myag, 라틴어로는 magicae, 그리고 영어로는 magic이라는 말이 파생됐다. 기독교의 탄생에 얽힌 이야기에 따르면 동방의 세 박사(마기)가 별에 이끌려 아기 예수를 찾아와 황금, 몰약, 유향을 바쳤다고 한다.

후세에 '마기'라는 단어는 성경에 얽힌 긍정적인 뉘앙스를 띠게 되나, 고대 페르시아제국권에서 '마구스'는 모멸적인 뉘앙스가 있었으며, 그리스어로는 '사기꾼', 페르시아 정복 이후 아라비아어로는 '이슬람교를 믿지 않는 자', 특히 '실크 무역을 위해 비잔틴제국을 경유해 북방에서 오는 사람들'을 가리켰다. 이슬람교도인 아랍인에게 이러한 북방인은 그들이 정복한 페르시아인이나 신관처럼 불신자, 이교도였기 때문에 그들을 조로아스터교도를 가리

키는 '알마주스(al-Majūs)'라고 불렀다. 이 북방인이란 현대에서 말하는 바이킹이다.

바이킹 자신은 '주술(매직)'이라는 말을 쓰지 않았겠지만 주술에 대한 명확한 개념을 가지고 있었다. 그들은 이것을 'fjölkynngi', 즉 '위대한 지혜'라 부르며 체계화했다. 세이드(Seiðr)라고 불리는 주술은 여성이 행사했다(남성이 할 경우 '에르기[Ergi]'라고 불렸으나 터부시되었다). 세이드의 어원은 인도유럽조어로 '묶기'를 의미하는 Sehi로, 여성들은 실타래 봉과 같은 지팡이를 소지했으며 실제로 이것으로 실을 잣듯이 부적을 자았다. 실과 시간, 운명 사이에는 비유적인 관계가 있어 그녀들에게는 예언의 힘도 있었다. 또 하나의 주술은 주문을 의미하는 갈드르(galdr)로 인도유럽조어의 '노래'를 어원으로 삼는다. 남성도 여성도 리듬에 맞추어 주문을 읊어 갈드르를 행사했다. '주술'을 가리키는 'enchantment'는 원래 '노래'를 의미했는데 문자 그대로 그들은 노래를 했다. 룬 문자 푸타르크(futhark, 이른바 알파벳)를 짓는 것도 주문의 일종이었으며 문자 자체에 마력이 있다고 여겼다.

고대 말기, 주술은 이미 전설의 일부가 되어 사람들은 의식, 도구, 언어, 노래를 통해 주술을 바탕으로 자연계의 원소와 별을 이해하고 과거, 현재, 미래를 알고 삶과 죽음마저 다룰 수 있다고 믿었다. 세계 각지에서 지혜와 힘을 지니고 신비에 정통한 사람들이 주술을 썼다는 것을 생각하면 훗날 그들이 심각한 위협으로 간주되게 된 것도 이상하지 않다.

> 페르시아는 문명과 교역의 중심지로 그 주술도 온 세계에 퍼졌다.

현대 주술사의 스테레오 타입과 같은 이미지는 페르시아의 민간전승의 서술로 거슬러 올라간다.

흑마술의 공포

FEAR OF A BLACK MAGIC

**중세의 마녀는 미신을 믿는 서양에서는 공포의 대상이었고
동양에서는 심원한 지혜의 소유자로 여겨졌다.**

고대와 이성의 시대 사이의 시기에 주술은 황금기를 맞이했다. 중세와 근세 초기, 주술이 공포를 부르고 유럽과 미국에서 수만 명이 주술을 행했다는 혐의로 박해받았던 것을 생각하면 '황금기'라는 말은 의아하게 들릴지도 모른다. 하지만 그 공포 자체가 주술의 존재와 힘을 널리, 굳게 믿었다는 증거이기도 하다.

서양에서 마술과 마술사에 대한 공포는 거의 잊힌 그리스·로마 사상의 흔적이며, 이러한 사상 위에 확립한 철학적 이데올로기와 기독교가 열성적으로 받들어졌다. 그리스·로마에서는 사기꾼으로 간주되었던 주술사는 중세에 독재색이 짙어진 교회의 규칙과 신의 율법을 따르지 않는 우상숭배자로 여겨지게 되었다. 주술은 몰래 쓰이게 되었으며 바이킹조차 기독교로 개종했다. 중세의 소설에는 마법을 다루는 인물이 등장하나 인간에서 벗어난 악령을 따르고 있다. 수수께끼로 둘러싸인 주술사 멀린은 반 악마로 여겨졌고 멜뤼진이나 모르간 르 페이와 같은 지혜와 힘을 지닌 여왕에게는 요정의 피가 흐르고 있다고 믿었다.

의외로 동양에서는 사정이 달랐다. 아라비아의 민간전승에 등장하는 초자연적인 진은 악마적 존재라고 여겨지지만 먹거나, 자거나, 가족과 산다고 여겨졌으며, 인간 사회와 비슷한 모임을 형성해 다양한 종교에 편입되었다. 이러한 존재에 내재한 마술적 성격은 크게 문제시되지 않았고 썩은 고기를 즐기는 성질임에도 불구하고 인간에서 벗어난 악마적인 힘은 사라져 있었다. 다른 감각적 존재가 그렇듯 그들의 힘을 적절히 이용하려면 훈련을 통한 배움과 향상이 필요했다. 이슬람 황금기의 아랍인 학자는 주술의 분야에 들어가는 실천적 원리를 학술적인 연구를 할 가치가 있는 주제로 보았다. 특히 '알키미야' 과학, 즉 '이집트 과학', '흑(비료를 의미하면서 이집트적인)세계의 변질', '금과 은의 변질', '흑분의 조합'은 의의가 깊은 탐구 주제였다.

기원전 4세기의 그리스권 이집트로 거슬러 올라가는 연금술은 고대 이집트의 과학과 주문, 고대 그리스

아드리안 반 오스타데(Adriaen van Ostade) 《연금술사》(부분) 1661년. 중세 유럽 사람들은 마술을 두려워하였으나 중동에서는 연금술 등이 열성적으로 연구되어 12세기 유럽에 유입되었다.

"1144년 2월 11일,
유럽에 연금술이 도래했다."

13세기 이란의 증류기. 3세기의 연금술사 클레오파트라(프톨레마이오스 왕조 여왕과는 별개의 인물)가 발명했다고 한다.

의 철학적·기술적 위업의 중간에 위치한다. 초기의 남녀 주술사는 경전의 종교(유대교, 기독교, 이슬람교) 외에도 다양한 이교를 신앙하고, 염료와 약을 조합하고, 야금학과 광물의 성질을 연구했다. 연금술(알케미)은 예로부터 과학과 관련이 깊었으며, 현대의 화학(케미스트리)의 어원이기도 하다. 연금술사들은 문화의 도가니 속에서 활동했다. 지성과 호기심을 겸비한 교양 있는 연금술사들은 피타고라스주의, 플라톤주의, 스토아주의, 그노시스주의 등의 주요한 그리스 철학을 배우고 이를 지혜, 과학, 철학, 종교, 주술을 관장하는 이집트의 신, '세 배 대단한' 토트의 개념과 관련 지었다. 천동설을 믿는 그리스인은 독자적인 해석(그리스적 해석)을 통해 토트를 그리스 신화의 동등한 신 헤르메스와 융합시켜 헤르메스 트리스메기스투스를 낳았다. 650년대 연금술은 화학이라기보다 생각과 의식이 가져오는 변용의 힘을 이해하기 위한 단서, 즉 우

주의 비밀을 탐구하기 위한 신비적 수단이었다. 납에서 금은으로의 이론적 변용, 현자의 돌의 힘은 인간적, 영적, 마술적 성장의 은유라고 여겨졌다. 이것들은 숨겨진 힘의 열쇠이며, 훈련을 받아 부호화된 적절한 기도문에 정통한 주술사만이 구사할 수 있었다. 지금도 '헤르메스적'이라는 말에는 '굳게 닫힌', '도달할 수 없는'이라는 의미가 있다. 헤르메스적 연금술은 인도에까지 영향을 미쳐, 중국에서는 변화를 이루어 금속 연구보다 의학에 초점이 맞춰졌으며, 나아가 화약의 발명으로 이어졌다.

1144년 2월 11일, 이베리아반도에서 아랍 문화를 연구하던 잉글랜드인 체스터의 로버트(Robert of Chester)가 유럽에 연금술을 전파했다. 이후 연금술에 관한 어마어마한 양의 서적이 이슬람권 안달루시아에서 스페인의 기독교권으로 흘러들어와 라틴어로 번역되어 북방에 전파되었다. 고명한 신학자는 합리주의와 아리스토텔레스 철학을 높이 평가했으나 미신에 사로잡힌 중세 유럽인의 의식에 이러한 사고는 거의 침투하지 않았다. 중세 유럽에서 연금술을 과학적으로 연구한 유명인으로는 알베르투스 마그누스(Albertus Magnus), 토마스 아퀴나스(Thomas Aquinas), 로저 베이컨(Roger Bacon)을 들 수 있다. 모두 고위 성직자였지만 중세 사람들이 보기에는 주술사 혹은 요술사였다. 베이컨 등은 이야기하거나 질문에 대답할 수 있는 머리 동상을 조각했다는 소문이 돌았을 정도다.

시대가 중세에서 근세 초기로 넘어가면서 이러한 고위 연금술사들은 치료하거나 약을 조합하거나, 사랑의 주술을 걸거나, 저주를 막거나 하던 커닝 포크와는 구별되게 되었다.

근세 초기의 마녀사냥에서는 수만 명의 목숨이 희생되었으나 그들 대부분은 주술을 쓰기는커녕 자신의 이름조차 적을 줄 몰랐다. 하지만 존 디와 그 후계자 등의 고위 연금술사에게 주술은 자연철학 탐구의 연장선상에 있었다. 르

3세기, 로마 황제 디오크레티아누스의 명령으로 많은 초기 주술 문서가 불태워졌다.

네상스 시대의 마기아 나투랄리스(magia naturalis, 자연주술)의 개념에는 연금술, 점성술, 약초학, 그로부터 파생된 과학, 즉 화학, 천문학, 식물학이 포함된다. 어느 분야든 연구 대상은 자연계와 자연계가 생기를 불어넣어 영향을 미친다는 힘으로 악마의 꼬임에 넘어가 일탈하고 교수형을 당한 유럽 및 미국의 마녀의 힘과 전혀 비슷하지 않은 지식을 탐구하는, 학술적이면서 가치 있는 운동이다. 이 시대에 심원하고 신비로운 힘을 다루는 자연주술사들은 문 너머에 숨어(헤르메스적) 조용히 활동을 이어나갔다. 이성이 기세를 탄 시대에 그들이 아무런 활동도 하지 않았다고 생각하기는 어렵다.

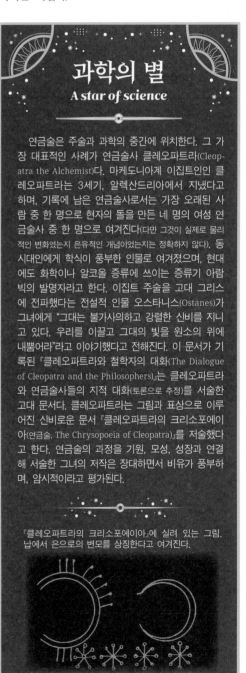

과학의 별
A star of science

연금술은 주술과 과학의 중간에 위치한다. 그 가장 대표적인 사례가 연금술사 클레오파트라(Cleopatra the Alchemist)다. 마케도니아계 이집트인인 클레오파트라는 3세기, 알렉산드리아에서 지냈다고 하며, 기록에 남은 연금술사로서는 가장 오래된 사람 중 한 명으로 현자의 돌을 만든 네 명의 여성 연금술사 중 한 명으로 여겨진다(다만 그것이 실제로 물리적인 변화였는지 은유적인 개념이었는지는 정확하지 않다). 동시대인에게 학식이 풍부한 인물로 여겨졌으며, 현대에도 화학이나 알코올 증류에 쓰이는 증류기 아람빅의 발명자라고 한다. 이집트 주술을 고대 그리스에 전파했다는 전설적 인물 오스타니스(Ostanes)가 그녀에게 "그대는 불가사의하고 강렬한 신비를 지니고 있다. 우리를 이끌고 그대의 빛을 원소의 위에 내뿜어라"라고 이야기했다고 전해진다. 이 문서가 기록된 『클레오파트라와 철학자의 대화(The Dialogue of Cleopatra and the Philosophers)』는 클레오파트라와 연금술사들의 지적 대화(토론으로 추정)를 서술한 고대 문서다. 클레오파트라는 그림과 표상으로 이루어진 신비로운 문서 『클레오파트라의 크리소포에이아(연금술, The Chrysopoeia of Cleopatra)』를 저술했다고 한다. 연금술의 과정을 기원, 모성, 성장과 연결해 서술한 그녀의 저작은 장대하면서 비유가 풍부하며, 암시적이라고 평가된다.

『클레오파트라의 크리소포에이아』에 실려 있는 그림. 납에서 은으로의 변모를 상징한다고 여겨진다.

주술의 소멸과 신시대
DISENCHANTMENT AND A NEW AGE

이성의 시대에 주술의 그림자는 옅어졌으나
다시 발견될 날을 조용히 기다리고 있었다.

이성의 시대(주로 18세기의 계몽사상으로 대표되는, 이성을 최고로 여기는 시대)는 서양의 열강이 기술 진보를 발판 삼아 세계 각지를 정복하고 통치한 식민지 시대, 즉 대항해 시대와 깊이 연관되었다. 유럽의 이주민은 수수께끼투성이인 신천지, 특히 아프리카에서 현지의 종교와 관습과 접촉했다. 매우 오만한 유럽의 가부장적인 권력구조는 이러한 의식과 신앙을 전혀 배우려 하지 않고 16~17세기에 유럽의 민간주술에 보인 오만을 여기서도 발휘해 그들을 어리석은 인류학적 싸구려이며 피정복민은 정복민보다 지적으로도 문화적으로도 열등하다는 (잘못된) 설의 증거라고 생각했다. 그리고 고약하게도 이러한 의식과 종교는 요술, 악마의 소행, 이단의 증표이며 이주민은 선주민의 영혼을 구제하기 위해 이들을 철저하게 탄압해야 한다고 여겼다. 예로부터 전해진 선주민의 주술은 무지한 노파와 우자와 미개인이 행하는 비합리적이고 비실재하는 것이라며 박해받았고, 서양 사회는 이러한 주술을 이론과 합리성의 결여이자 이를 실천하는 자의 지적, 인종적, 문화적 열등성을 드러내는 것이라고 여겼다.

가부장적이고 독단적인 사고방식은 유럽과 세계 각지의 주술을 무자비하게 처단했다. 각지의 고유한 풍요로운 전통은 억지로 하나로 합쳐져 뒤처진 비문명적 미신의 꼬리표가 달리고 철저하게 탄압당해 간신히 인류학적 연구 대상으로서 단편적으로 기록되었다. 그 결과 당시의 물건은 파괴되고 부자연스러운 상태로 남겨져 문화적 단편만이 원래의 오묘한 배경에서 단절되었다. 이렇게 한데 묶인 다양한 전통의 공백은 후세에 메워지게 되지만 현재에는 일말의 죄책감과 함께 문화의 도

현재, 전통적 주술은 대부분 다시 표준화되어 다양한 층의 사람들의 안식처가 되어 있다.

용과 식민주의적 편견의 형태를 띠고 나타나기도 한다. 의도적으로 주술을 소멸시킨 이성의 시대는 깊은 화근을 남겼으나 그래도 서양에는 편견이 없는 주술사가 남아 있었다. 대개 그들은 연금술의 전통을 계승하고 또 광범위한 세계의 주술을 추

구해나가겠다는 결의를 굳혔다. 다만 모든 주술사가 넓은 시야를 가지고 있었던 것은 아니며, 오컬트의 부흥에서의 일부 비교(秘敎) 신자는 이해보다 힘을 추구해 세계 각지의 전통을 도용했다. 그 중에는 당시의 문화에 전형적으로 나타나는 도량

"제2차 세계대전 직후에는 더 다양한 계층이 세계의 새로운 관점을 모색했다."

이 좁은 인종적 편견을 지지한 자도 있는가 하면 또 과격화하여 오컬트에 경도된 파시즘의 신흥 정치철학이 주장하는 백인지상주의를 옹호한 사람도 있다.

한편 20세기 중반에 접어들자 공산주의, 세속주의, 인본주의 등 종교에 회의적인 철학이 주술은 종교를 이길 힘을 지녔다고 여기게 된다. 미국의 저널리스트 H. L. 멘켄(Henry L. Mencken)을 비롯한 논객은 과학적 합리주의를 주장하고 과학에서 연금술 등 태고의 주술 개념이 미친 영향을 외면했다. 그들은 '시대착오적'인 주술의 개념을 예로 들며 성성(聖性), 기도, 기적 등의 중요한 종교 개념을 야유하고 종교를 '비문명적'이자 '비합리적'인 이른바 원시적 민간 전통 수준으로 떨어뜨리려 했다. 전통적 종교 제도에 대한 지지가 하강하기 시작한 시대, 그때까지 주술을 백안시하고 탄압마저 해온 기독교도들에게 자신들 또한 틀렸다는 비판은 더할 나위 없는 굴욕이었다.

하지만 주술은 영원히 햇빛을 보지 못하지는 않았다. 20세기 초, 태고로부터 전해진 비교(秘敎)가 중류계급 사람들의 관심을 끌게 되었다. 제2차 세계대전 직후에는 더욱 다양한 계층이 자신의 삶을 정하고자 세계의 새로운 관점을 모색했다. 교회, 국가, 학계와 같은 종래의 권위적 조직은 한창 발흥하던 세속주의 앞에서 빛이 바래 자본과 권력을 강탈해 20세기 초부터 중반에 걸쳐 세계 규모의 분쟁을 일으킨 자본주의의 공범자로 여겨졌다. 1951년 영국에서 요술 금지령 폐지에 발맞추듯 일찍이 1950년대에는 고대 이교의 실천자를 자칭하는 사람들이 주술의 전통 계승을 공표하고, 제럴드 가드너와 알렉스 샌더스(Alex Sanders)의 주도 아래 위카가 설립되었다. 뉴에이지의 카운터 컬처 운동이 20~21세기의 심리학을 발판으로 삼기 시작한 시기, 위카 이외에도 많은 주술 전통이 발흥을 이루었다.

'뉴에이지'라는 말 자체가 오해를 살 수 있다. 현대에서 주술사로 여겨지는 사람들 대부분은 이교(페이거니즘)를 신봉하고 고대부터 오래도록 이어져 온 전통과 직접 관련지어져 있다고 주장하고 있다. 그들의 신앙과 의논의 대상은 신세대(뉴에이지)가 아니라 구세대의 종교다. 이러한 신앙의 흐름이 실제로 옛날 모습을 유지하고 있다고 여겨야 할지,

주술은 사람을 끊임없이 매료해 자신의 인생을 스스로 정하고 싶다, 더 깊은 새로운 의의를 찾고 싶다는 희망에 부응하고 있다.

아니면 19세기의 주관이 섞인 인류학 연구, 비교의 심원한 지식, 소박하고 오래된 희망적 관측을 바탕으로 재구축된 것이라고 생각해야 할지에 대해 주술사와 학자의 논쟁은 결판이 나지 않았다. '뉴에이지'란 심령주의, 엔젤 채널링(천사와의 교류), UFO(미확인 비행 물체) 연구, 오컬트주의(신비학) 등 전혀 다른 다양한 행위를 하나로 묶은 총칭이라는 의견도 있다. 주술에 주목한 1960년대의 반문화 운동은 대부분 싱크리티즘(혼합주의)을 지지하고, 아메리카 원주민, 아프리카를 비롯한 박해를 받은 민족의 마술적, 정신적 전통을 받아들였다. 그들은 우애를 바탕으로 한 총체적인 전통의 통합을 꾀하고 있었을지도 모르지만, 현재는 그들이 본보기로 삼아 신봉하는 그룹에게서 문화의 도용이라며 비난받을 수밖에 없는 상황이다. 동시에 과학적 합리주의와 원리주의적 신앙을 신봉하는 사람들은 여전히 주술을 조소하고 두려워하면서 이것을 아류로 몰아넣거나 금지하려 하고 있다. 최근의 사회사(社會史)는 문제가 있기는 하나 『해리 포터』의 세례를 받고 자란 세대가 사는 현대에서 주술이 여전히 인기를 자랑하고 있다는 것은 놀랄 일도 아니다. 의지의 힘이 변화를 일으킨다는 오컬트주의자 알레이스터 크롤리의 주장은 사회, 정치 정세에 환멸을 느끼는 세대의 공감을 받고 자신의 인생을 스스로 정한다는 생각은 많은 사람들을 매료했다. 동시에 이미지를 중시하는 경향도 강해서 오컬트풍의 수수께끼에 휩싸인 표상의 디자인의 옷과 장신구를 파는 가게가 늘어 더더욱 많은 사람이 타로 점이나 점성술에 기대는 한편, 주술 관련 서적, 영화, TV 방송, 비디오 게임, 팝 뮤직이 여기저기에 넘치고 있다. 주술은 수 세기의 역사를 지닌 오래된 것이나 소멸할 기색은 전혀 보이지 않는다.

빅토리아 왕조에 그려진 바실리 막시모프(Vassily Maximov)의 《농민의 결혼식에 온 주술사》(부분). 결혼 파티에서 행운을 부르기 위해 치른 주술은, 전통이라기보다 무지한 농민의 미신이라고 치부되었다.

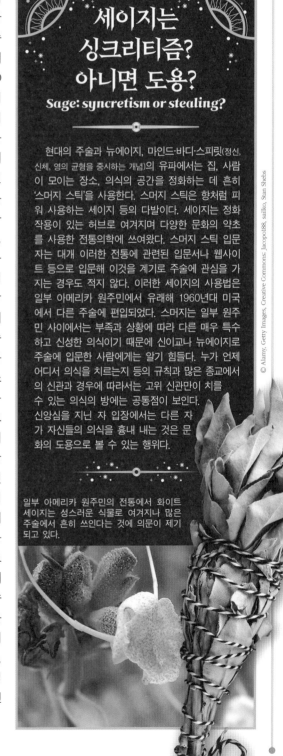

세이지는 싱크리티즘? 아니면 도용?
Sage: syncretism or stealing?

현대의 주술과 뉴에이지, 마인드·바디·스피릿(정신, 신체, 영의 균형을 중시하는 개념)의 유파에서는 집, 사람이 모이는 장소, 의식의 공간을 정화하는 데 흔히 '스머지 스틱'을 사용한다. 스머지 스틱은 향처럼 피워 사용하는 세이지 등의 다발이다. 세이지는 정화 작용이 있는 허브로 여겨지며 다양한 문화의 약초를 사용한 전통의학에 쓰여왔다. 스머지 스틱 입문자는 대개 이러한 전통에 관련된 입문서나 웹사이트 등으로 입문해 이것을 계기로 주술에 관심을 가지는 경우도 적지 않다. 이러한 세이지의 사용법은 일부 아메리카 원주민에서 유래해 1960년대 미국에서 다른 주술에 편입되었다. 스머지는 일부 원주민 사이에서는 부족과 상황에 따라 다른 매우 특수하고 신성한 의식이기 때문에 신이교나 뉴에이지로 주술에 입문한 사람에게는 알기 힘들다. 누가 언제 어디서 의식을 치르는지 등의 규칙과 많은 종교에서의 신관과 경우에 따라서는 고위 신관만이 치를 수 있는 의식의 방에는 공통점이 보인다. 신앙심을 지닌 자 입장에서는 다른 자가 자신들의 의식을 흉내 내는 것은 문화의 도용으로 볼 수 있는 행위다.

일부 아메리카 원주민의 전통에서 화이트 세이지는 성스러운 식물로 여겨지나 많은 주술에서 흔히 쓰인다는 것에 의문이 제기되고 있다.

다양한 주술

VARIETIES OF MAGIC

**"주술의 세계에는 다양한 종류의
신비적 행위가 있으며,
각각에 고유한 역사와 힘이 있다."**

벤 가주르

세상에는, 세계는 원자와 에너지로 이루어졌으며 그것들이 기계적으로 작용하여 우리를 둘러싼 온갖 사물을 형성하고 있을 뿐이라고 생각하는 사람도 있는 한편, 그와는 다르게 현실을 바라보는 사람도 있다. 후자에게 세계는 주술로 가득 차 있으며, 주술은 온갖 곳에 침투해 적절하고 심원한 지식을 지닌 자만이 주술을 다룰 수 있다.

정상 세계를 초월한 주술을 단순하게 정의하기는 어렵다. 주술을 초자연적인 힘으로 사물에 영향을 미치는 다양한 행위라고 정의한다면 대부분의 종교와 기도도 주술의 범주에 들어간다. 다만 많은 사람들이 종교를 주술이라고 정의하는 데 거부감을 느끼는 것은 예로부터 주술을 둘러싼 뿌리 깊은 당혹이 드러난 것임이 틀림없다. 주술은 무력한 사람, 사회 가장자리로 밀려난 자, 이른바

'외지인'이라 불리는 사람이 의탁할 대상이었다. 다만 종교를 제외하는 것에도 문제가 있다. 주술은 종교의 관습과 문서에 빈번히 언급되는데 종교를 제외하는 것은 이 점을 무시하는 행위가 된다. 그렇게 되면 획일적인 관점으로밖에 볼 수 없으며, 폭넓은 이해를 할 수 없게 된다. 역사상 온갖 문화에 모종의 형태로 주술이 있다는 것을 고려한다면 다양한 주술의 형태가 있는 것은 당연한 일이다. 주술의 전통은 변화를 이루면서 각 시대와 장소에 적응해갔다. 주술에는 변화하기 쉽다는 특성이 있는데 크게 '의식주술', '자연주술', '샤머니즘'의 세 종류로 나눌 수 있다. 주술은 대개 이 중 하나로 분류된다.

의식주술이란 의식으로서 실천되는 주술로 오컬트에 관한 영화나 책에 흔히 나온다. 르네상스 시대에 활발해서 많은 책이 출판되어 악령을 부르

고, 미래를 점치고, 다양한 초월적인 기술을 해내기 위한 복잡한 의식을 소개했다.

자연주술에서는 우주의 숨겨진 성질이 핵심이 된다. 이 주술을 쓰는 자는 힘을 추구하지 않고 세계가 원래 갖추고 있는 힘만을 추구한다. 점성술사는 천체를 조종하지 않고 천체에서 배우며, 자연주술을 쓰는 데는 그 실존을 확인하는 것으로도 충분하다.

샤머니즘은 다양한 신앙과 실천과 이어져 있다. 전형적인 샤먼은 실존하는 이차원에 접속해 정령을 통해 영향력을 행사하는 능력을 지니고 이러한 정령의 힘과 교신함으로써 샤먼은 물리적 세계에 변화를 일으킬 수 있다.

이 책에서 알아볼 것과 같이, 주술의 세계는 결코 획일적이 아니고 지극히 개인적인 체험으로 이루어진 다층적인 우주다.

공감주술
Sympathetic magic

『황금가지(The Golden Bough)』를 저술한 영국의
사회인류학자 제임스 프레이저(James George Frazer)
는 공감주술에 대해 '닮은 것은 닮은 것을 부른다'고
주장했다. 공감주술은 본질적으로는 상징을 통해 힘
을 미치는 주술이다.

공상에서 태어난 공감주술은 사람이나 물건을 상
징화하여 원하는 형태로 변화시킨다. 가장 유명한
것이 원격으로 사람을 해치기 위한 부두교 꼭두각
시로, 이것에 침을 꽂아 적에게 고통을 준다. 밀랍
인형도 마찬가지로, 꼭두각시를 만들어 상대가 사라
지기를 빌면서 녹인다.

공감주술의 또 하나의 중요한 개념이 조응이다.
약초 방면에서는 몸의 일부를 닮은 식물은 치료에
유용하다고 여긴다. 예컨대 뇌를 닮은 호두는 뇌의
질병을 치료하는 데 쓰이며 남근의 형상을 한 식물
은 생식불능에 잘 듣는다고 했다.

물건으로 인간을 나타내는 일도 있어 누군가의
소지품이나 몸의 일부(손톱 등)를 입수해 그 사람에
게 주술을 건다.

의식주술 CEREMONIAL MAGIC

'주술이란 노래와 주문과 수상쩍은 의식에 불과하다.' 그런 생각은 의식주술에서 유래한다.

의식주술은 서양에서 가장 일반적인 주술 형식으로, 실천자는 의식과 기도를 통해 불가사의한 정령에게 명령을 내린다. 또 의식주술은 일종의 언어이며 우주를 지배하는 힘을 받는다고도 여겼다.

의식주술의 기원은 우리 성질의 깊은 곳에 새겨져 있을 것이다. 동물조차도 단순한 의식을 치를 수 있어서 매일 같은 시간에 먹이를 받다 보면 그 직전의 행동을 반복하게 된다. 먹이를 받은 동물은 그때의 행동이 어떤 것이든 먹이를 받는 동기인 것처럼 행동한다. 한 실험에서 비둘기는 먹이를 받을 때 오른쪽 방향으로 돌았다. 인간을 비롯한 모든 생물에게는 아무런 맥락이 없는 곳에조차 인과관계를 찾는 경향이 있을지도 모른다. 의식이 우리의 마음에 강한 힘을 미치는 것도 이 때문이다.

다양한 태고의 종교에서 의식은 신앙의 핵을 이루고 있었다. 그리스인이나 로마인은 의식을 신과의 개인적인 관계가 아니라 마땅한 행동이라는 문맥 속에서 포착하고 있었기 때문에 완벽하게 거행해야만 하며, 발음이 명료하지 않거나 잘못 말하면 처음부터 다시 했다. 말을 더듬었던 로마 황제 클라우디우스는 무척 고생했으리라.

고대 종교에서의 제식과 함께 민간주술도 의식과 깊이 연결되었다. 로마제국 각지의 수원지와 광천에는 주문이 새겨진 납 두루마리가 발굴되었다. 런던에서 발견된 저주판에는 '나는 트레시아 마리아와 그 목숨, 마음, 기억, 간과 폐, 말, 생각, 추억을 저주한다'라고 적혀 있다.

고대부터 존재한 의식주술은 발전을 거듭해서 르네상스 시대에 들어가자 갑자기 온갖 고대적인 것이 추앙받게 되었다. 유럽에서 고대 그리스의 문서는 소실되었으나 그 뒤 다시 등장하여 실전된 지혜에 대한 관심이 높아졌다. 15세기 피렌체의 인문학자 마르실리오 피치노(Marsilio Ficino)는 플라톤 저작의 라틴어역을 명받았다. 그러나 신비주의 문서가 세상에 나오기 시작하자 그는 철학에 관한 번역을 중단하고 그쪽에 착수했다. '헤르메스 문서'라

존 윌리엄 워터하우스(John William Waterhouse) 《마법진》(부분) 1886년. 힘을 불러내는 의식을 치르는 마녀를 그린 작품. 의식주술이 지닌 다양한 측면을 엿볼 수 있다.

테우르기아 신과의 일체화
Theurgy: Unity with God

테우르기아(Theurgia, 신동술)란 신들의 왕림을 재촉하는 주술이다. 주술사들은 헤노시스(신과의 일체화) 경험을 통해 '완벽'에 도달할 수 있다고 여겼다. 테우르기아는 기도와는 달리 신에게 무언가를 해달라고 부탁하는 것이 아니라, 오히려 신이 지닌 어떤 면을 자신의 혼에 받아들이는 것을 목표로 한다.

테우르기아는 물체의 세계는 존재하지 않는다는 신플라톤주의 철학자들의 주장에서 유래한다. 모든 것의 배후에는 더 심원한 정신적 세계가 있으며 그 안에는 '궁극의 존재', 이른바 신이 있다. 신플라톤주의는 명상과 정화, 의식을 통해 신과 일체화할 수 있다고 여겼으며, 철학자 이암블리코스 칼키덴시스(Iamblichus Chalcidensis)는 모든 물체는 신을 닮게 창조되어 신의 힘이 차 있다고 주장하고 신에게 다가가려면 어떤 것을 이용해야 하는지를 논했다.

테우르기아를 받아들인 기독교 종파도 있다. 초기 기독교도는 자신의 안에 신성과의 연결점을 모색함으로써 현실의 진정한 성질을 발견할 수 있다고 여겼다. 후세의 주술사는 초인적인 힘을 얻어 주술의 힘을 키우기 위해, 부적을 통해 신과의 일체화를 꾀했다.

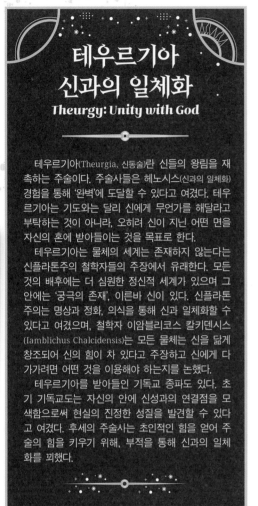

종종 신이라 불리는 '궁극의 존재'는 우주를 관장한다. 그 정점을 노리는 과정에서, 인간은 완벽한 자아에 도달하는 데 테우르기아에 기댔다.

불리는 이들 문서는 모세와 동시대인이라는 헤르메스 트리스메기스투스가 저자라고 추측됐다.

사실 현대의 학자는 헤르메스 트리스메기스투스가 저술한 여러 서적의 저작 연대를 2세기로 추정하고 있다. 헤르메스가 누구였든 그 문서는 유럽의 사상을 뒤집었고, 의식주술은 지식층을 중심으로 세간을 매료했으며, 궁정의 주술사들은 명성을 떨쳤다. 헤르메스 트리스메기스투스는 모세와 엮임으로써 당시의 교회가 주술에 퍼붓던 비난을 조금이나마 피할 수 있었다. 이탈리아의 시에나 대성당 바닥에는 사람들을 가르치는 헤르메스 트리스메기스투스를 그린 모자이크 작품도 있다.

주술을 연구하는 사람들은 헤르메스 문서나 카발라 등의 신비주의에 관한 문서를 바탕으로 다양한 의식을 발전시켰다. 카발라에는 언어, 문자, 숫자에 고유한 의미가 있다. 애매한 의미가 담긴 문서는 연구 대상이 되었고, 그것이 의식에 반영된다. 지식층은 자신이 원하는 힘을 손에 넣기 위한 최적의 의식을 열심히 모색했다. 당시 사람들은 언어에 숨겨진 의미를 찾으면 창조주의 마음에 닿을 수 있으리라고 여겼다. 의식주술에는 서적 연구보다 훨씬 수상쩍게 여겨진 행위도 있다. 일부 주술사는 신성한 문서에 적힌 비밀 주문이나 명령문도 사용하여 악령을 불러내거나 천사와 대화하거나 신과 일체화하려 했다. 기독교는 이러한 주술을 행사하는 자를 이단으로 단정하고 의식주술의 발전은 파라노이아(망상)를 자극하여 그 뒤 몇 세기 동안 서구에서 마녀사냥이 일어나게 된다. 엘리자베스 1세의 비호를 받은 존 디와 같은 남성이라면 수정으로 미래를 점치고 천사에게 지혜를 내려달라고 빌 수도 있었을 테지만, 유력자의 비호 없이는 재판에 회부되어 처형되어도 이상하지 않았다.

르네상스 시대가 되자 주술은 비교적 급속하게 소멸했다. 신비사상가 파라켈수스(Paracelsus)처럼 주술과 현대적인 과학 양쪽의 영역에서 활

여기에 그려져 있듯 존 디와 에드워드 켈리를 비롯한 주술사는 의식을 통해 죽은 자의 혼을 불러내 교신했다.

약한 자도 있었으나 연금술사는 황금을 만들지 못했고, 주술사는 복잡한 의식을 치러도 악령의 군단을 불러낼 수 없었기 때문에 그들의 연구를 지원하는 위정자가 격감했다. 잉글랜드 왕 제임스 1세는 마녀의 공격을 두려워했으나, 그의 아들과 손자는 주술보다 먼저 착수해야 할 정치 문제를 안고 있었다. 현대 과학이 발전해 입증할 수 있는 사실에서 더욱 효과적인 방법을 이끌어내면서 주술이 약속하는 힘에 대한 관심은 사라져갔다.

하지만 과학이 의식주술을 완전히 몰아낸 것은 아니어서 19세기에는 신비의 힘에 기대는 의식이 부활했다. 심령주의에서는 어두운 방에서 의식을 치러 트랜스 상태에 들어가 죽은 자의 영을 불러낸다. 황금의 새벽단과 같은 결사는 목적을 달성하기 위해 가장 효과적인 의식을 단원에게 전수했고, 오컬트주의자 알레이스터 크롤리는 현대 주술에 쓰이는 많은 도구를 체계화했다. 현재, 세계 각지에는 위카나 텔레마(Thelema, '그대가 하고 싶은 일을 행하라'고 주장하는 철학)의 신봉자가 많이 존재한다. 사람들이 과학으로는 발견할 수 없는 길을 모색하고 있다는 점은 명백하다. 의식주술이 예나 지금이나 지지를 얻고 있는 것은 지식이 없는 자는 결코 이해할 수 없는 힘을 실천자에게 가져와 주기 때문일 것이다.

과거에는 주술의 실천을 숨기는 경향이 강했기 때문에, 앞으로도 의식주술에 대해 다른 발견이 이루어질 가능성은 있다. 위카 실천자 다이안 포춘(Dion Fortune)이 서술했듯, '절조 없이 의식주술을 쓰면 효과는 사라져버린다. 그러므로 주술의 실천은 비밀로 해두는 편이 좋다.'

> 의식주술은 다양한 신비주의에서 쓰였으며 위카 의식에도 영향을 미쳤다.

> "당시 사람들은 언어에 숨겨진 의미를 찾으면 창조주의 마음에 닿을 수 있으리라고 여겼다."

자연주술
THE MAGIC OF NATURE

**자연계에는 이해를 넘어선 경이와 힘이 존재한다.
인간은 수천 년에 걸쳐 이러한 힘을 이용하려고 시도해왔다.**

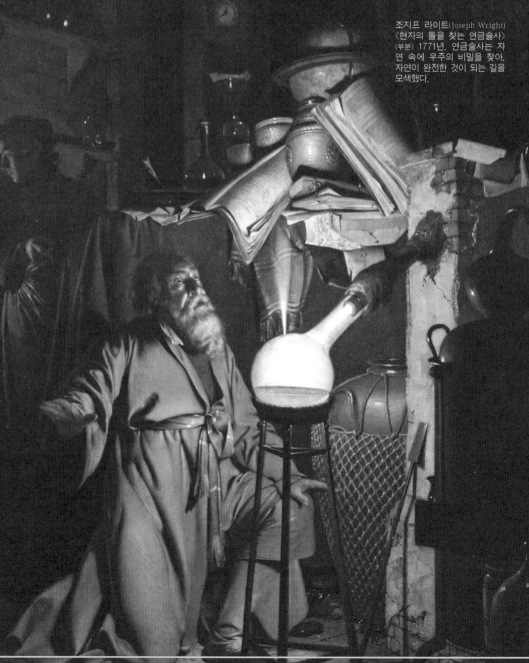

조지프 라이트(Joseph Wright)
《현자의 돌을 찾는 연금술사》
(부분) 1771년. 연금술사는 자연 속에 우주의 비밀을 찾아, 자연이 완전한 것이 되는 길을 모색했다.

의식주술은 의식을 통해 힘을 불러낸다. 한편 비밀스러운 우주의 힘은 이미 나타나 있어서 올바른 지식이 있다면 이 힘을 이용할 수 있다고 여기는 주술도 있다. 태고부터 인간은 자연을 이용해 바라는 바를 이루려 해왔는데 자연주술의 역사도 이에 버금갈 만큼 오래되었다. 자연주술에서 열을 낮추는 약초나 피부의 염증을 진정시키는 수액 등은 주술의 경이적인 작용이었다.

자연주술은 태고주술의 왕도로 대 플리니우스를 비롯한 저술가는 자연의 힘을 사용한 다양한 치료법을 기록했다. 고대 로마의 정무관 대 카토 (Marcus Porcius Cato)는 양배추가 거의 모든 질병에 효과적이라고 저술했는데, 대 플리니우스(Gaius Plinius Secundus)의 저술은 더욱 상세하여 궤양에 동반하는 아픔에는 야생 상추, 두통에는 페니로 얄, 목의 염증에는 새끼 제비의 재가 효과적이라고 서술했다. 이러한 치료에는 기도도 주문도 필요 없다. 의술의 효용은 자연 속에 있다. 그것이 자연주술이다.

대 플리니우스는 자연주술이 그 뒤 1,000년에 걸쳐 어떤 발전을 이루게 될지에 대한 힌트도 주고 있다. 예컨대 벌꿀의 장에 적혀 있는 특별한 여름의 벌꿀은 하지부터 30일 뒤 시리우스(큰개자

자연주술의 주술사는 자연에 기댄다. 맨드레이크 뿌리와 인간의 유사성은 이 식물의 힘을 나타낸다고 여겼다.

리 알파)가 천공의 정점에 있는 시기에 만들어진다. 플리니우스가 말하길, 이 벌꿀은 신들의 선물로 넥타르(불로장생의 음료)에 뒤지지 않는 치료 효과가 있다. 이 예시는 자연주술이 인간이 치르는 의식보다 훨씬 복잡해질 수 있다는 것을 나타내고 있다. 여름의 벌꿀은 하찮은 인간의 몸짓이나 노래와는 전혀 관계가 없으며, 천공의 회전과 그곳에 사는 신들의 산물이다.

기독교가 널리 퍼진 뒤에도 자연주술은 허용 가능한 주술로서 인정되었다. 많은 기독교도는 신은 우주를 창조했을 때 존재의 위대한 연쇄를 만들었다고 믿었다. 즉 모든 것은 자연의 고층, 하층 양쪽의 모습과 이어져 있다는 발상이다. 자연주술사는 사물 간의 관계를 파악하면 신의 의도를 따라 그것들을 사용할 수 있다. 관계는 종종 조응(p70)의 형태를 띤다. 즉 자연 속에 창조주가 남긴 힌트다.

박식한 사람들이 신비주의적인 치료를 위해 자연 속에서 힌트를 찾는 한편 비교적 조용히 이어진 관습도 있다. 예컨대 민중의 지혜는 종종 자연주술로 거슬러 올라간다. 숲이나 들에서 종일 지내는 사람에게 자연계는 현대보다 훨씬 밀접하게 일상생활과 이어져 있었다. 커닝 포크라 불리는 약초에 정통한 사람들은 몇 대에 걸쳐 이어져 내려온 지혜에 기댔다. 그들이 하는 치료 중에는 희망적 관측의 영역을 넘지 않는 것도 있었으나(죽은 자의 이를 건드려 치통을 고치는 치료 등은 신뢰도가 낮다), 해열에 버드나무 수액을 쓰는 등의 요법은 훗날 아스피린의 발견으로 이어졌다.

부를 추구하는 자에게 연금술은 특히 흥미를 끄는 분야였다. 비금속을 황금으로 바꾸는 것이

목적인 연금술은 이익을 불러옴과 동시에 그 과정 자체에 물질이 지닌 특성을 이용함으로써 세계를 완벽하게 한다는 신비주의적 은유가 담겨 있다. 연금술사는 오랜 시간을 들여 연구와 실험을 거듭했고 그들이 개발한 증류, 발효, 정류 기술은 훗날 현대의 화학으로 변화를 이루게 된다.

의식주술은 주로 과학으로 대체되었으나 자연주술이 많은 점에서 현대 과학의 기초를 형성한 것은 주목할 만하다. 다양한 도구와 주문을 이용하여 미래를 보는 점술은 의식주술로 분류되는 경우가 많다. 그러나 자연 관측에만 기대는 점술도 드물지 않아 많은 과학적 진보의 계기가 되었다. 점성술사는 그 연구 내용에 따라 오랫동안 밤하늘을 관찰해왔다. 천체도를 만들기 위해 별의 위치를 주의 깊게 관찰하고, 혜성 등의 다양한 현상을 기록했으며, 훗날 천문학자들은 이것을 과학의 영역에 편입시켰다. 천공의 회전과 함께 달라지는 별의 위치를 연구하고, 1년의 길이를 밝혀낸 것은 고대 이집트의 점성술사들이다.

약초학에서 식물학으로의 변화는 알기 쉽다. 치료에 식물을 쓰려면 식물을 분류하는 기술이 필요하다. 민간요법은 많은 사람의 손을 타고 발전해 현대 의학으로 이어졌다. 고대 문서에 기록된 약의 조합을 비웃기는 쉽지만 실제로 효과가 있는 것도 있다. 9세기 앵글로색슨은 마늘, 양파, 포도주, 소의 담즙을 조합해 눈연고를 만들었는데 2015년에 이것이 매우 강력한 항생물질에도 내성이 있는 메티실린 내성 황색포도상구균을 죽인다는 것이 밝혀졌다.

자연주술에서 쓰이는 것은 식물뿐만 아니라 모든 것이 우주의 다양한 상과 공명하여 힘을 발휘한다고 여겼다. 크리스털 테라피는 지극히 현대적으로 보이지만 실제로는 돌의 치유 효과에 관한 연구는 1,000년 전으로 거슬러 올라간다. 대 플리니우스도 호박을 지니고 있으면 일시적 정신 착란에 효과적이라고 주장했다. 크리스털은 거의 모든 질병에 효과가 있다고 하며, 현대의 시술자는 관련 문서를 참고해 어느 크리스털을 쓸지를 정한다. 다만 이러한 종류의 자연주술의 효과는 과학적으로는 아직 입증되지 않았다.

우리는 자연 앞에서 압도된다. 현대에서조차 이러한 감각은 우주 전체가 주술로 차 있는 듯한 인상을 불러일으킨다. 고대에 많은 사람들은 강, 바다, 수목에는 자연의 정령이 깃들어 있어 세계에는 생명이 있다고 믿었다. 순수한 자연 관찰에서 자연신앙과 그 힘에 기대는 행위가 파생되어 훗날의 이른바 샤머니즘으로 이어진다.

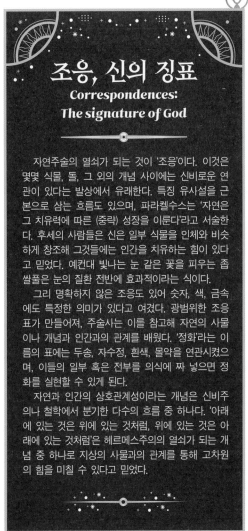

조응, 신의 징표
Correspondences: The signature of God

자연주술의 열쇠가 되는 것이 '조응'이다. 이것은 몇몇 식물, 돌, 그 외의 개념 사이에는 신비로운 연관이 있다는 발상에서 유래한다. 특징 유사설을 근본으로 삼는 흐름도 있으며, 파라켈수스는 '자연은 그 치유력에 따른 (중략) 성장을 이룬다'라고 서술한다. 후세의 사람들은 신은 일부 식물을 인체와 비슷하게 창조해 그것들에는 인간을 치유하는 힘이 있다고 믿었다. 예컨대 빛나는 눈 같은 꽃을 피우는 좁쌀풀은 눈의 질환 전반에 효과적이라는 식이다.

그리 명확하지 않은 조응도 있어 숫자, 색, 금속에도 특정한 의미가 있다고 여겼다. 광범위한 조응표가 만들어져, 주술사는 이를 참고해 자연의 사물이나 개념과 인간과의 관계를 배웠다. '정화'라는 이름의 표에는 두송, 자수정, 흰색, 몰약을 연관시켰으며, 이들의 일부 혹은 전부를 의식에 짜 넣으면 정화를 실현할 수 있게 된다.

자연과 인간의 상호관계성이라는 개념은 신비주의나 철학에서 분기한 다수의 흐름 중 하나다. '아래에 있는 것은 위에 있는 것처럼, 위에 있는 것은 아래에 있는 것처럼'은 헤르메스주의의 열쇠가 되는 개념 중 하나로 지상의 사물과의 관계를 통해 고차원의 힘을 미칠 수 있다고 믿었다.

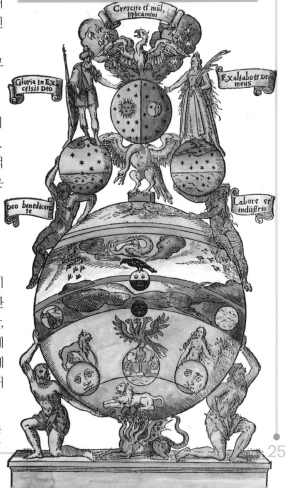

자연계에는 계급이 있다고 여겨 자연주술은 고층과 저층의 관계를 추구한다.

현재 샤머니즘은 널리 퍼져
있다. 이 몽골의 샤먼은
전통적인 의상을 입고 태고를
들고 있다. 태고는 많은 샤먼
의식의 중요한 도구다.

샤머니즘
SHAMANISM

정령과 교신하는 힘을 지닌 샤먼에는 많은 종류가 있으며, 영적인 세계로 이어지는 다양한 길을 제시해 보인다.

'엑스터시의 기술'이라 불리는 샤머니즘은 인간계를 벗어나 정신계에 들어가는 주술이다. 자연의 만물에는 정령이 깃든다고 하며 단련과 때로는 고뇌를 통해서만 이 별세계에 도달할 수 있다고 한다.

샤머니즘은 신앙이라기보다 세계 각지에 점재하는 전통에 가깝다. 인도네시아의 두꾼, 사미족

의 노아이디, 페루의 아야와스케로스, 그 외 수백 가지 문화에 샤먼이 존재한다. 그들에게 공통되는 것이 '저쪽' 자리에 도달할 수 있다는 신념으로, 이 '자리'는 일반적인 감각으로는 변성의식 상태로 이해된다.

샤먼의 훈련은 몇 년이 걸리며, 꿈과 신의 사자의 사명이 필요하다는 문화도 있는가 하면 세습제

인 사회적 지위인 문화도 있다. 인도자가 수행자에게 지식을 전수하지만 입문의 최종 수단으로는 육체가 갈가리 찢겨, 심령 체험을 거치게 된다. 수행자는 산에 올라, 잠을 자지 않고, 환각제를 복용하는 경우도 있으며, 최종적으로는 정신세계에 발을 들인다.

시련을 거쳐 샤먼이 된 자는 공동체의 중심인물

변성의식 상태
Altered states of mind

샤먼은 영계에 들어가기 위해 몇 시간이고 춤추고, 노래하고, 향정신제를 복용하고, 기아 상태에 빠진다. 이러한 고문에 가까운 의식의 목적은 단 하나, 지각 변화다.

고차원의 영과 교신을 가능케 하는 변성의식 상태의 표출 방식은 다양해서 의식 상태가 변화하면 명상 상태에 들어가거나 잇따라 창작 의욕이 솟아나거나 하는 경우가 많다. 샤먼은 의식과 기술을 구사해 의도적으로 변성의식 상태에 도달한다.

그중에서도 특히 널리 쓰이는 테크닉이 리드미컬한 태고 소리와 반복 운동이다. 의식에서는 대개 1초에 4, 5번 태고를 두드리는데, 이것을 뇌의 세타파 출현과 관련짓는 연구도 있다. 음악과 함께 지칠 때까지 춤추는 것도 변성의식 상태에 이르는 수단 중 하나다. 페루의 아마존강 유역에 사는 우라리나족은 아야와스카라 불리는 식물로 환각 작용이 있는 음료를 만든다.

샤먼이 목표하는 변성의식 상태를 설명하는 것은 난제라고 할 수 있다. 대부분의 경우 그들은 시간 감각, 신체 이미지, 감정이 변화한다고 이야기하는데 모두 정신적으로 언어를 초월한 감각이라는 데서 공통점이 있다.

이 된다. 평범한 인간 생활을 넘어선 정신세계에 도달하는 능력을 지닌 샤먼은 사회에 기여하기를 기대받는데 그것이 어떠한 기대인지는 문화에 따라 크게 다르다.

한국에서는 샤머니즘을 실천하기 전에 신내림을 거쳐야 하며, 샤먼은 신 혹은 정령에 씐다. 이는 육체적 고통과 정신적 트라우마를 남기는 경험으로 정령과의 완전한 결합에 따라 치유된 샤먼은 공동체를 위해 의식을 치를 자격이 있다고 여겨진다. 대부분의 경우 춤이나 노래를 통해 신의 도움을 불러 풍작이나 건강을 실현한다.

일부 아메리카 원주민은 샤먼이 자신들의 영역에 침입하는 유럽인 이민자에게 맞설 방법을 전수해준다고 여겼다. 1889년, 원주민 호손 워지워브는 고스트 댄스의 환상을 보았다. 고스트 댄스란 정신세계에 대한 부족신앙과 결부된 원무로, 환상 속에서 죽은 자의 영이 워지워브에게 말을 걸어 백인 침략자를 몰아내는 데 힘을 보태겠다고 약속했다. 이 메시지는 순식간에 퍼져서 라코타족의 누군가는 '그들은 사람들에게 춤을 통해 신세계가 실현되어 산사태, 지진, 태풍이 일어나 지구는 냄새 나는 동물, 양과 돼지, 펜스, 전신주, 광물, 공장 등 백인들이 불러온 온갖 추한 것과 함께 융단처럼 말릴 것이라고 이야기했다'고 추억했다. 하지만 고스트 댄스의 약속은 이루어지지 않았고, 운데트니에서 많은 사람들이 학살당했다.

남아프리카의 샤머니즘은 개인 수준의 행위로 '산고마'라 불리는 샤먼이 개인에게 치유와 점을 의뢰받는다. 질병은 영에 의해 일어나거나 영이 더럽혀지는 것을 원인으로 여기기 때문에 산고마는 치유에서 특별한 역할을 맡는다. 그들은 평범한 의학으로는 대처할 수 없는 질병에 걸리면 비로소 자신들이 특별한 역할을 다하기 위해 선택받았다는 것을 이해한다. 이 질병은 다른 산고마만이 고칠 수 있으며, 그 뒤 다른 이를 돕기 위한 수행을 쌓게 된다. 뼈를 던지거나 꿈 혹은 트랜스 상태에 들어감으로써 선조의 영과 교신하고, 환자에게 어떤 치료가 필요한지 조언한다. 약초의 힘을 최대한 끌어내려면 어느 시기에 어디서 채집하면 좋은지를 영이 가르쳐주기도 한다.

공동체 수준이든 개인 수준이든 샤먼은 남을 도움으로써 인간의 인생의 온갖 단계에 개입한다. 대부분의 경우 샤먼의 의식은 사회적이자 영적인 행사로, 음악, 노래, 춤이 쓰이며 부족도 참가한다. 일부 문화에서는 출산을 돕거나 할례를 하는 것도 샤먼이 할 일이다.

샤먼은 어떤 공동체의 모든 구성원을 통솔함과 동시에 그들을 선조의 영이나 자연계와 연결하는 중개역과 같은 존재이기도 하다. 또한 사람이 죽을 때에도 사자의 혼을 내세로 이끄는 영혼술사로서 기능하기도 한다. 죽음마저 공동체와의 연결을 끊지 않는다.

다만 샤머니즘에 관한 논의에서 많은 연구자가 '샤먼'이라는 말에 회의적이라는 사실을 유의해야 한다. 이처럼 다양한 문화와 행위를 하나의 말로 묶으면 잘못된 결론을 이끌어낼 수 있다는 것이 그 근거다. 문화평론가는 '샤먼'이라는 말은 외부인이 종종 어떤 사회적 역할에 붙이는 명칭이며, '샤먼'이라는 말이 가리키는 사람들의 시선을 무시할 수 있다고 주장한다. 샤머니즘이라는 개념은 자신들의 사정에 맞춘 말이라는 의견도 있다. 언어의 정의에 대한 학술적 이론은 차치하고, 중요한 것은 무엇이 인간을 샤머니즘으로 향하게 하는가이다.

'네오샤머니즘'이라 불리는 새로운 신앙은 더 전통적인 샤머니즘의 형태를 기초로 삼는다. 네오샤머니즘은 세계 각지의 민족의 다양한 행위를 종합하는 한편 특히 서양에서는 샤머니즘 본래의 환경에 몸을 두고 그 전통과 이어지려 하는 사람들이 있다. 그들은 자기의 안을 더욱 깊이 여행하며 일상생활 밖에 있는 힘과 교신하기 위해 수천 km나 떨어진 땅을 찾아가 샤먼의 의식을 받기도 한다. 예로부터 샤먼은 이러한 여행과 교신을 목표로 해왔다. 그것은 즉 인류가 끊임없이 지혜를 희구하고 있다는 증표일 것이다.

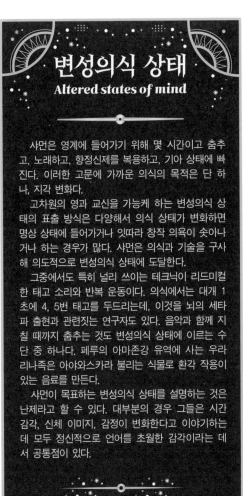

태고는 샤머니즘에서 가장 일반적인 의식 도구다. 태고를 두드리는 행위는 의식 상태에 변화를 일으키곤 한다.

전통 의상을 입은 알래스카의 샤먼. 다른 세계의 중개자 역할을 강조하기 위해 가면을 쓰는 경우가 많다.

『아타르베다(The Atharvaveda)』는 신, 인간, 자연의 세계가 이어져 있으며 적절한 언어와 의식이 기적을 일으킨다고 설명하고 있다.

아타르바베다
THE ATHARVAVEDA

"힌두교의 기초 중 하나를 이루는 『아타르바베다』에
적혀 있는 주문을 쓰면 소원을 이룰 수 있다."

벤 가주르

『아타르바베다』는 네 가지 베다(산스크리스트어로 적힌 고대 인도의 신체와 종교에 관한 책) 중 하나로, 기원전 1000년경 다양한 문서를 모아 구성되어 힌두교와 인도의 사상, 철학, 종교를 형성하는 데 큰 영향을 미쳤다. 액막이, 주문의 베다라고도 불리며 희생의 불을 바친 가공의 신관 아타르반이 저자라고도 한다.

『아타르바베다』에는 수백 가지 구절이 적혀 있고, 목적을 이루기 위해 신에게 바치는 기원과 실제 절차가 적혀 있다. 예컨대 복합골절의 대처법으로는 로히니(카말라)라 불리는 식물의 도포법과 함께 다친 부분을 향해 읊는 주문도 적혀 있다. 세속과 신성이 밀접하게 이어져 각각의 힘이 작용해 주술을 성취시킨다.

감정의 혼란이나 공포를 없애기 위한 주문도 있고, 질투를 없애는 주문은 입으로 후 하고 불어 마음을 맑게 하는 공기처럼 그려져 있다. 주술이나 악령에 대한 공포에는 남 파편을 향해 주문을 읊고 힌두의 신들에게 가호를 빌어 자신을

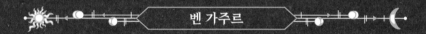

민간종교나 전통의 부류에 들어가는 『아타르바베다』가 베다로서 인정받는 데는 오랜 시간이 걸렸다.

해치려는 사람의 심장에 상징적으로 찌른다. 해를 입히는 주문은 악인에게만 걸 수 있으며, 그것도 고위인 사람에게는 부적절하다고 여겼으나 바라몬(사제)만은 악령을 쫓는 데 정통해 있어서 허락되었다.

『아타르바베다』에 적혀 있는 주문과 성구는 운율을 띠고 있어서 소리 내어 읊었다고 짐작된다. 유아의 기생충을 쫓아내는 주문 등 현실 세계의 문제에 대처하는 것을 중시했기 때문에 그 외의 베다에 적혀 있는 신들의 성질과 같은 심원한 사상과는 다른 민간종교로 이해되기도 한다. 이 책에는 인도 의학의 대가 수슈르타(सुश्रुत, Sushruta)의 지식이 널리 차용되어 있어 인도의 전통의학 아율베다와도 직접적인 연관이 있다. 주문의 기원인 운문을 정독하는 것으로 베다 시대에 대해 많은 것을 배울 수 있는 책이다.

그러나 『아타르바베다』의 운문은 점차 인기를 잃고 쇠락했다. 현재 다른 베다는 왕성히 연구되고 있으나 이 책을 연구하는 학자는 지극히 드물다.

『아타르바베다』는 기원전 1000년경 베다어로 적혔으며, 현행 종교 문서로서는 가장 오래된 부류에 들어간다.

그리스 마법 파피루스
GREEK MAGICAL PAPYRI

**"거의 매년 무른 파피루스 문서가 밝혀져,
고대 주술의 신화, 성구, 의식의 발견이 이루어지고 있다."**

벤 가주르

고대는 주술로 가득 차 있어서 공양물을 바칠 때 신관이 읊는 주술부터 조용히 속삭이는 저주까지, 사람들은 인생의 모든 문제를 주술로 해결했다. 당시의 주술 문서와 의식은 대부분 실전돼버렸으나 가능한 한 복원을 시도하는 프로젝트가 진행 중이다.

그리스 마법 파피루스는 대부분 이집트를 기원으로 삼고 있으며 주문, 액막이, 의식이 파피루스에 그리스어로 적혀 있다. 2~5세기로 거슬러 올라가며 당시 동지중해의 거의 전역에서 그리스어가 교역과 문학에 쓰였다. 17세기 이후 골동품 상인들은 이러한 고대의 희소하고 신성한 물품을 사들였다. 그 뒤 얼마 지나지 않아 그들이 구입한 문서는 대부분 고대의 유명한 저작이 아니라, 비교와 주술에 관한 문서라는 것이 밝혀졌다.

> 그리스 마법 파피루스는 적힌 당시에는 제각각이었으며 훗날 하나로 합쳐졌다.

현재 그리스 마법 파피루스는 학자들이 정리하였으나 원래는 하나의 문서가 아니라 다양한 장소, 시대의 주술 전통을 알리고 있다. 각 문서에 그리스의 이교의 신들에 대한 찬가가 적혀 있는데 그 대부분이 주술 의식과 관련되어 있다. 헬리오스에게 바치는 찬가는 영적인 도움을 구하는 내용으로 '명령하는 것을 모두 가르쳐주는 다이몬을 제게 보내주십시오'라고 노래한다. 흥미롭게도 이 찬가에는 스카라베 등 고대 이집트의 종교적 모티브가 등장해 그리스와 이집트 사상의 통합이 엿보인다. 이집트의 신 아누비스는 그리스에서는 헤르메스라고 불렸다. 그 외의 파피루스 문서에는 그리스의 전통에도 이집트에 전통에도 없는 영에 대한 부름이 적혀 있다.

의식은 읊는 말만큼 중요하다. 연인의 사랑을 붙잡아두기 위해서는 물레로 점토를 퍼서 남녀의 상을 만들어 수수께끼의 언어를 빼곡하게 적고 침으로 찌른다. 많은 주술에는 동물(특히 당나귀)에서 유래한 재료가 쓰였다.

고대인이 이러한 문서를 어떻게 생각했는지에 대해서는 현재에는 의논이 이어지고 있다. 새로운 형식의 주술과 예배를 모색하던 신관 계층의 문서였을까. 아니면 고대의 신들로는 더는 만족할 수 없었던 사람들을 위한 민간주술 운동의 산물이었을까. 의논은 끊이지 않는다.

그리스 마법 파피루스에서는 고대 이집트, 유대교, 기독교 전통의 영향을 엿볼 수 있다.

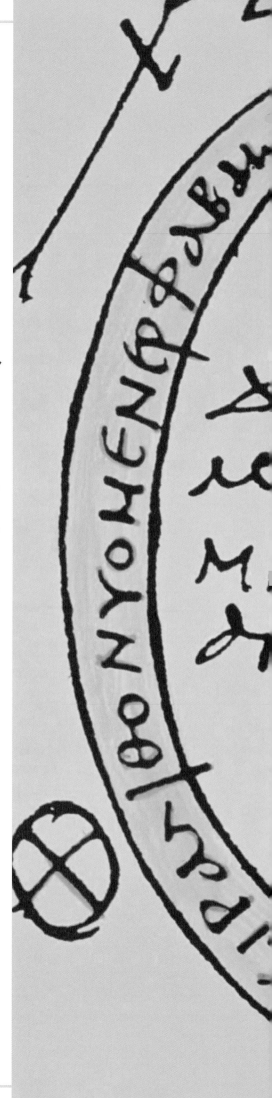

이집트에서 발견된 그리스 마법 파피루스는 고대 후기에 광범위하게 주술이 유행한 것을 증명하고 있다.

에메랄드 태블릿
THE EMERALD TABLET

**"이 심원한 문서는 황금을 만들기 위한
비밀의 조합인가, 아니면 계몽의 열쇠인가.
난해한 연금술서인가, 아니면 신비의 주술인가."**

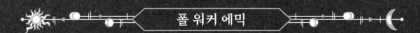

폴 워커 에믹

'에메랄드 태블릿'은 열성적으로 연구되어 수차례 새로운 해석이 더해져온 난해한 문서다. 수 세기도 전부터 많은 사람들이 그 비밀에 도전해왔다. 15세기까지 유럽의 연금술사는 에메랄드 태블릿이 실험 프로세스를 코드화한 서술이며 현자의 돌, 즉 비금속을 금으로 바꾸는 힘을 가져오는 비밀스러운 조합이 적혀 있다고 생각했다. 그러나 16세기의 연금술사는 천사에게 의탁해 신과 교신하는 방법을 적은 영적인 문서라고 해석했다.

이 문서는 유럽의 연금술사들에게서 연금술의 기초라고 간주되었던 2세기 이후의 일련의 '이집트·그리스 문서(헤르메스 문서)'의 일부로 여겨져 아라비아어, 라틴어, 영어 등 다양한 언어로 여러 차례 번역되었다. 아이작 뉴턴의 에메랄드 태블릿 번역은 다음과 같이 적혀 있다.

"이것은 틀림없는 진리이다.
확실하고 더할 나위 없이 진실하다.

아래는 위와 같으며
위는 아래와 같으며
유일한 기적을 이루기 위해 있다.

하나인 것이 작용하여
만물은 하나인 것에서 일어났다.
따라서 만물은 이 하나인 것의
적응에서 만들어졌다.

태양은 아버지이며
달은 어머니이며
바람은 이를 태내로 옮기며
땅은 이를 키웠다.

에메랄드 태블릿의 발견을 그린 15세기의 그림. 연금술사들은 수 세기 동안 무언가에 홀린 듯 이 전설의 문서를 추구했다.

그 힘은 땅으로 변하면 완전해진다.
열의를 갖고 땅을 불에서

아주 사소한 것을 전체에서 분리하라.
그것은 땅에서 하늘로 올랐다 다시 땅으로 내려가,
우등한 것과 열등한 것의 힘을 받는다.

이리하면 당신은 온 세상의 영광을 얻고,
모든 어둠은 당신으로부터 떠날 것이다.

그 힘은 모든 힘의 위에 있다. 모든 정묘한 것들을 이기며, 모든 단단한 것들을 꿰뚫기 때문이다.

세상은 이렇게 창조되었다. 이로부터 태어나는 놀라운 적응과 그 방법이 여기에 있다.

그러므로 나는 헤르메스 트리스메기스투스라 불리며 온 세상 철학의 세 부분을 지니고 있다. 태양의 작용에 대해 내가 한 말은 실현되고 완수된다."

결합, 4대 원소, 3대 원리로 언급한 이 문서는 은유와 우의로 가득하여 연금술과 중대한 관계가 있다는 것은 명백하다. 연금술사와 훗날의 주술사들이 수 세기에 걸쳐 이 문서를 바탕으로 추론을 거듭했다는 것도 당연하다고 할 수 있다.

에메랄드 태블릿의 서두의 문장, '아래는 위와 같으며, 위는 아래와 같으며'는 중요한 의의를 담은 철학이다.

에메랄드 태블릿을 그린 판화. 1609년 이후.

헤르메스 트리스메기스투스와 헤르메스 문서

HERMES TRISMEGISTUS AND THE HERMETICA

"헤르메스 트리스메기스투스는 지식의 공유를 통해
수 세대에 걸쳐 연금술사, 철학자,
오컬트주의자에게 많은 영향을 끼쳤다."

파피제이 파머

2세기의 이집트·그리스의 지혜의 책인 헤르메스 문서는 헤르메스주의의 종교관과 철학의 기초를 다졌다.

시에나 대성당의 모자이크에 그려진 헤르메스 트리스메기스투스. 그는 모세와 동시대인으로 여겨진다.

헤르메스 문서를 구성하는 42의 문서들 대부분은 알렉산드리아 대도서관이 소실되었을 때 실전됐다고 여겨진다.

르네상스 시대에 연금술사들은 전문가가 저술한 다양한 지도서를 숙독했다. 그중에서도 가장 중요한 것이 '헤르메스 문서'다. 이것은 헤르메스 트리스메기스투스의 저작이라 하며, 2세기 이후의 이집트·그리스의 지혜가 폭넓게 담겨 있다. 대화 형식이 대부분을 차지하며, 스승이 의논을 통해 제자를 계몽한다는 내용이다. 의논의 대상은 신성, 우주, 마음, 자연, 연금술, 점성술, 그 밖에 이에 관한 개념과 걸쳐 있다. 종교관, 철학, 헤르메스주의라 불리는 신비주의의 기초가 된 문서이기도 하다.

헤르메스 문서 자체가 더 큰 문서의 일부다. 이것은 지적 변화를 이룬 당시의 이교를 통합한 문서로, 그리스·로마의 비의의 흐름을 받아들인 신플라톤 철학 등의 문화운동을 자극했다. 그리스 신화나 형이상학적 신플라톤주의의 세부와는 관계가 없으나 유대교의 영향을 받았으며 『창세기 1장 28절』을 인용하고 있다. 문서는 12세기에 서양 문화에서 자취를 감추었으나, 르네상스 시대에 다시 발견되어 마르실리오 피치노가 번역하여 헤르메스 트리스메기스투스의 사상에 공명하는 사람이 늘어남에 따라 연금술사들에게 널리 지지받았다. 문서의 가르침은 조르다노 브루노(Giordano Bruno)와 피코 델라 미란돌라(Giovanni Pico della Mirandola) 등의 철학자에게 큰 영향을 끼쳤고, 연금술에 깊은 발자국을 남겼다. 그러나 교회의 비판을 받으면서 지하 세계로 들어가 오컬트주의를 짙게 반영하는 헤르메스주의가 태어나 서양의 주술을 크게 좌우했다. 헤르메스주의에서는 헤르메스가 42권의 책을 적었다고 하나, 율리우스 카이사르가 알렉산드리아를 제압하고 대도서관이 화재를 당했을 때 그 대부분이 소실되었다고 전해진다. 그 때문에 비전문가가 읽을 수 있는 문서는 지극히 일부지만 현대의 오컬트주의자는 그의 종교관과 철학이 적힌 문서가 어딘가의 도서관에 몰래 보관되고 있다고 믿는다.

신세대의 헤르메스주의에서는 헤르메스 트리스메기스투스는 여러 아내와 적어도 하나의 아들이 있다고 여겨진다. 동명의 아들을 통해 그의 이름은 수 세기 동안 전해 내려와 자손은 미지의 종교의 신관을 맡았다고 한다. 헤르메스 문서는 먼 옛날 소실되었는데, 전설로서 헤르메스 트리스메기스투스와 함께 현대까지 오래도록 전해 내려온 요인 중 하나는 이러한 구전일지도 모른다.

그리스 신화의 신 헤르메스와 이집트의 신 토트가 융합하여 헤르메스 트리스메기스투스가 생겨났다고 짐작된다.

Images source: Getty, Wiki

기독교의 표상과 밀교의 이미지를 합쳐 숨겨진 힘을 표현하는 키프리아누스 혹은 흑서.

키프리아누스 혹은 흑서

CYPRIANUS AND THE BLACK BOOKS

**"비밀의 주술과 지혜의 서에는 스칸디나비아 사람들이
중요하게 여기는 지혜가 빠짐없이 담겨 있다."**

벤 가주르

'그리모어'라 불리는 주술과 주문의 책은 다양한 지역에서 많은 사람들에게 열심히 읽혀왔다. 스칸디나비아의 농촌에서는 수 세기 동안 이러한 책에 적힌 지혜가 생명을 구해왔다. '흑서', '키프리아누스'라고 불리는 이러한 주술 문서에는 독특한 지혜가 적혀 있다. 민간의 기예와 전통적 치유에 정통한 커닝 포크라 불리는 사람들은 독자적인 키프리아누스를 가지고 있어 학식을 쌓을 때마다 이를 적어두었다. 19세기가 되어도 키프리아누스의 소유자는 두려움을 사서 어느 성직자는 소유자가 주술을 거는 것을 방해하기 위해 키프리아누스를 빼앗아 신도들을 안심시켰다고 전해진다.

각각이 그 지방의 언어로 적었으며, 약초 치료부터 정령 트롤을 물리치기 위한 주문까지 다양한 지식이 담겨 있어 많은 책의 서문이 이 책이 백과사전과 같은 내용이라고 서술하고 있다.

'키프리아누스의 서: 명계의 악령이 지닌 온갖 지혜를 담은 책. 비밀, 비보, 도둑질, 부르기, 다양한 학문을 다루며 서문이 달렸으며 각 항목이 주술의 실천, 주술의 철회, 낚시와 사냥, 주문, 상상력을 자극하는 다방면에 걸친 흥미롭고 유용한 학문, 자연에 대한 지침서로 이루어져 있다.'

흑서를 둘러싼 전설은 다양한데 사탄에게 영혼을 팔겠다고 약속하고 책을 손에 넣은 사람의 이야기도 전해진다. 이 책을 한번 손에 넣으면 처분은 거의 불가능하다. 불도 물도 통하지 않고 땅에 묻어도 소용없으며 아무리 처분하려 해도 신기하게도 돌아온다. 흑서는 황천과 연관되는 경우가 많은데 소유자는 대부분 성직자였다. 의사나 교육을 받은 사람이 적은 지역에서는 목사와 그 아내가 치료자, 조언자, 상담자의 역할을 맡는 경우가 많았고, 그들에게 흑서는 하루하루의 문제를 해결하는 방법이 여럿 수록된 귀중한 정보원이었음이 틀림없다. 키프리아누스의 서에 기록되어 있는 주술은 대부분 기독교와 민간 전통의 혼합이다. 예컨대 상처의 치유에는 환자의 상처를 예수가 입은 상처와 겹치고 예수에게 치유를 바란다. 공감주술도 수용되어 통증이나 병을 무생물로 옮긴다. 완전히 이교적인 조언도 있어 사악한 홀드라(북유럽 민화에 등장하는 숲의 생물)에게 공물을 바쳐 점을 치는 등의 방법이 적혀 있다.

책의 이름은 키프리아누스에서 따왔다고 여겨진다. 기독교로 개종하기 이전의 키프리아누스는 주술을 다루었다고 한다.

"주술은 대부분 기독교와 민간주술의 혼합이다."

키프리아누스의 책에서는 기독교, 유대교, 심원한 상징이 합쳐져, 스칸디나비아의 수많은 정통파 철학자에게 충격을 주었다.

흑서는 마녀와 주술사가 흑마술을 배운 비텐베르크 흑마술학교에서 유래한다고 한다.

메르제부르크의 THE MERSEBURG 주문 CHARMS

"현존하는 유일한 독일 이교도의 주문은 고대 고지 독일어로 쓰였다. 이를 통해 주술은 문화로서 널리 침투해 있었다고 짐작할 수 있다."

벤 가주르

1841년, 역사가 게오르크 바이트는 메르제부르크 대성당에 보관되어 있던 두 가지 고대 고지 독일어 주문을 발견했다. 신학논문(10세기로 추정)의 백지에 적혀 있는 이 두 가지 주문은 실전된 주술의 전통을 완전한 형태로 전하고 있다. 이 메르제부르크의 주문은 얼마 지나지 않아 야코프 그림(Jakob Grimm)을 통해 세상에 알려졌다.

첫 번째 주문은 이디스(망령 혹은 정령)의 전쟁에서 포로가 된 전사를 해방했다는 것을 알리고 있다. 문서에는 당시의 상황에 맞추어 이 가족 생환의 주문에 쓰이는 말이 소개되어 있다. 속박에서 해방되고 싶다고 바라는 자는 '멍에를 뛰어넘어, 적에게서 벗어나라'라고 읊기만 하면 된다.

두 번째 주문은 다리를 다친 말을 위한 것이다. 어느 날 신들은 말을 타고 숲을 달리다 발드르의 말이 탈골해서 오딘이 말을 향해 다음과 같은 주문을 읊었다.

'뼈 탈골,
피 탈골,
관절 탈골에는,
뼈는 뼈로, 피는 피로,
관절은 관절로. 그것이 이어지듯이.'

> 메르제부르크의 주문은 동시대의 앵글로색슨과 스칸디나비아의 주문과 공통점이 많다.

이것 이외의 고대 고지 독일어 주문의 자료는 없으나 이러한 주문은 노래와 주술을 가리키는 이른바 '갈스터'에 해당한다고 여겨진다.

북유럽에서는 갈스터와 동류인 '갈드르'도 알려져 있어 같은 상황에서 주문을 사용하는 법을 설명하고 있다. 누가 왜 메르제부르크의 주문을 적어 남겼는지는 알 수 없으나 그 덕분에 유럽의 다른 주술과 비교할 수 있다. 그림은 이러한 주술을 처음으로 책으로 정리해 발표했는데, 말의 다친 다리를 치료하는 노르웨이의 주문에 대해서도 알고 있었다. 노르웨이의 주문에서는 이교의 신이 아니라 예수가 탔던 말이 다쳤다. '예수는 골수를 골수로, 뼈를 뼈로, 근육을 근육으로 했다.'

스웨덴, 덴마크, 스코틀랜드에서도 비슷한 상황에서 말을 고치는 주문이 발견되었다. 셰틀랜드의 주문에는 예수가 말에게 '관절은 관절로, 뼈는 뼈로, 근육은 근육으로, 성령의 이름으로 나아라'라고 명령했다고 한다. 흥미롭게도 이 주문은 다리가 부러진 사람에게도 쓸 수 있다는 기록이 남아 있으며, 다리에 붕대를 감는 동안 주문을 조용히 읊었다고 전해진다. 메르제부르크의 주문을 읊을 때는 의식도 치렀을 가능성이 있으나, 아쉽게도 그러한 정보는 사라져버렸다.

메르제부르크의 가족 생환 주문을 기억하고 읊는 것만으로 고랑으로부터 해방된다.

"이 두 가지 주문은 실전된 주술의 전승을 완전한 형태로 전해주고 있다."

두 메르제부르크의 주문은 현존하는 유일한 고대 고지 독일어 주문으로, 고급 피지 한 장에 적혀 있다.

한 주문은 공감주술과 비슷해 말의 부상을 고친 신 오딘에게 말의 치유를 빈다.

Image source: Wiki

앵글로색슨의 압운주문은 오딘과 게르만의 이교의 신들과 예수에게 가호를 바란다.

주문에 관한 우리의 지식은 9세기경의 『발드의 의서(Bald's Leechbook)』와 같은 기적적으로 현존하는 깨지기 쉬운 필사본에 많은 것을 기대고 있다.

앵글로색슨의 압운주문
ANGLO-SAXON METRICAL CHARMS

**"혹을 고치거나 벌의 무리로부터 몸을 지키는 등
앵글로색슨인은 주문으로 온갖 일에 대처했다."**

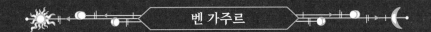

벤 가주르

앵글로색슨인은 언어가 힘을 지닌 시적인 세계에 살았다. 벌꿀술을 소재로 시를 짓는 사람은 존경받고 큰 영향력을 지니기도 했다. 시인은 세계를 바꾸는 힘을 지니고 있었다.

얼마 남지 않은 현존하는 당시의 사본에는 고대 영어로 시 형식의 주문이 기록되어 있다. 당시의 실천적 의료 지식을 기록한 『라크눙가(The Lacnunga)』나 『발드의 의서』 등 9~10세기 의학서에도 주문이 실려 있다. 당시의 의학이란 효과를 발휘하려면 초자연의 힘이 필요한 문서화된 의료였다.

시대를 살아남고 현존하는 압운주문은 많지 않으나 당시에는 목초지의 축복, 길 잃은 소 찾기, '드워프에 대항하는 주문' 등 다양한 상황에 쓰였다. 주문에서는 사람들이 현재와는 전혀 다른 세계를 살았다는 것을 엿볼 수 있다.

당시 브리튼인은 거의 기독교화되어 있었으나 주문에는 앵글로색슨이나 게르만의 신화와의 연관점이 보인다. '아홉 가지 약초와 주문'은 해독을 촉진하는 쐐기풀, 전염병에 좋은 쑥 등 아홉 가지 약초의 사용법을 소개하며 이러한 약초가 어떻게 치유력을 지니기에 이르렀는지를 설명한다.

"뱀이 기어와 한 남자를 물었다. 오딘은 아홉 영광의 가지를 꺾어 뱀을 물리치자 뱀은 아홉 조각으로 부서졌다."

문서에는 게르만의 만신의 신 오딘의 이름이 적혀 있는데, '독이 (중략) 사람들의 마음에 일어나더라도 다름 아닌 그리스도가 병을 제압한다'라는 구절도 있다.

많은 전문가는 예수 그리스도에게 바치는 기도는 기독교도 사본가가 가필했거나 이교의 신들이 족족 위기에 빠져 소멸한 것을 암시한다고 분석하고 있다.

이러한 압운주문의 효과

는 발군으로 여겨지며 조용히 읊는 기도와는 다르게 또렷하게 소리 내어 읊어졌다.

읊는 법이 상세히 적힌 주문도 있다. 주문에는 이야기하는 것과 노래하는 것이 있으며 모두 구어체로 적혀 있다. 이를 통해 주문을 읊었던 것은 소수의 지식인뿐만 아니라 시정의 사람들로 추측되며, 그들이 어떤 것에 관심을 보였는지를 알 수 있다.

이러한 시와 주문을 의미가 없는 문장일 뿐이라고 여기기 쉬우나 어느 과학자 그룹이 '아홉 가지 약초의 주문'에 적혀 있는 치료법을 시험해보았더니 메티실린 내성 황색포도상구균에 효과가 있다는 것을 알아냈다. 다만 연구자들이 실험 중에 시를 읊었는지는 알 수 없다.

> '혹의 주문'은 혹 위에 이파리를 얹고 작아져 사라지라고 명령해 고쳤다.

앵글로색슨의 주문은 시적이어서 소리 내어 읊거나 노래하기 좋았다.

카르미나 가델리카

THE CARMINA GADELICA

"스코틀랜드의 게일인에게 전해지는 지혜에는
다양한 사태에 대처하는 주문이 담겨 있다.
하지만 그 이상에 의미도 있지 않았을까."

벤 가주르

"소젖을 짜는 처녀는 젖이 많이 나오도록
「빛의 마리아」를 부른다."

세관 겸 아마추어 민속학자인 알렉산더 카마이클(Alexander Carmichael)은 고향 스코틀랜드의 전통이 사라지고 있다는 것에 위기를 느껴 1860년 이후 50년 동안 소멸에 처한 온갖 것들을 수집했다. 출장으로 방문한 하이랜드와 아우터헤브리디스에서는 게일인 공동체를 찾아가 민화, 주문, 시, 축도, 기도를 모았다. 그는 이렇게 얻은 지식을 『카르미나 가델리카(게일 찬가, The Carmina Gadelica)』라는 제목의 두 권의 책으로 정리했다.

그는 만난 사람들에 대한 애정과 공감을 담아 '용모는 수려하고, 용감하게 고난을 견디고, 알면 즐거운 사람들'이라 칭찬하며 민중에게 전해지는 지혜를 수백 권의 노트에 빼곡하게 적었다. 『카르미나 가델리카』는 최종적으로 여섯 권에 이르러, 후계자들은 그의 발견을 계속해서 발표했다.

카마이클이 기록한 기도의 대부분은 예수를 향한 기도의 형식을 띠고 있으며 빅토리아 왕조의 흠을 보기를 좋아하는 결벽주의자들에게도 비난을 받지 않았다. 예컨대 '취침의 기도'는 다음과 같은 구절이다.

'오늘밤 저는 주와 함께 잡니다.
오늘밤 주는 저와 함께 잡니다.
오늘밤 저는 죄와는 함께 자지 않으며

죄도 죄의 그림자도 저와 자지 않습니다.'

하지만 그중에는 전통적인 기독교도의 가르침에서 벗어난 듯한 의식과 구절도 있다. 소젖을 짜는 처녀는 젖이 많이 나오도록 「빛의 마리아」를 부르고, 어부는 정박하기 전에 신의 이름을 기리면서 배에 물을 뿌리고 707번 노를 젓는다. 많은 사람들에게 이러한 행위가 책에 적혀 있는 주문도 딱히 미신처럼 보이지 않았다.

황달을 위한 주문은 온갖 병에게 떠나라고 명령하는 리드미컬한 시로, 신은 등장하지 않는다. 주문을 이루기 위해서는 치료자는 환자에게 붉게 달아오른 금속이 등에 눌리고 있다는 감각을 일으켜야 한다. 또 입에 담는 것만으로 성취하는 주문, 이교와 기독교가 이리저리 얽힌 주문도 있었다.

『카르미나 가델리카』의 주문은 모두 원어인 게일어로 적혀 있어 독자는 그것들이 실제로 어떻게 이야기되었는지, 어떠한 의도가 담겨 있었는지를 실감할 수 있다. 카마이클은 어디서 무엇을 발견했는지를 정확하게 기록했다. 그가 사실을 왜곡한다고 비판하거나 그의 연구를 수정하려는 자가 있었기 때문이다. 현재 그가 적은 모든 노트는 인터넷에서 열람할 수 있으므로 노트와 간행물을 비교할 수 있다.

요제프 안톤 코흐(Joseph Anton Koch) 《맥베스와 마녀들》(부분) 1829~30년. 스코틀랜드의 황야는 마력을 담고 있다고 믿었기 때문에, 많은 주술문화가 발견되어도 세간은 놀라지 않았다.

Theory

이론

주술 사용하기
MAKING MAGIC

**"주술은 어떻게 효과를 발휘하는가?
징조, 표상, 조응, 주문에 주목해서
그것들이 어떻게 마력을 높이는지를 살펴보자."**

에이프릴 매든

주문을 사용하는 주술은 연결을 상징하는 언어가 소원을 굳건하게 만들고 의식의 효과를 발휘시킨다고 믿어진다. 그들은 주문을 읊기 가장 좋은 시기를 찾는데, 이것은 절기, 황도 12궁, 특정한 축제, 월상, 시간대, 날씨에 근거한다. 또 특정한 개념과 공명하는(그렇다고 그들이 생각하는) 식물, 수정, 향, 양초, 색 등의 물건이나 표상도 쓰인다. 이들은 '조응'이라 불리며, 수세기에 걸쳐 다양한 주술에서 확립되었다.

조응을 사용하는 주술은 '공감주술'이라 불리며 '유유상종'을 원칙으로 삼는다. 예컨대 물은 예로부터 정화와 관련지어져 주술에서는 영적인 정화, 순화에 쓰인다. 이는 매우 알기 쉬운 예지만 이해하기 힘든 조응도 있다. 수백 년 전부터 의식주술사나 연금술사들은 에메랄드와 금성을 관련지어 생각해왔다.

> 공감주술에는
> '유사의 법칙'과
> '감염의 법칙'의
> 두 원리가 있다.

금성은 황소자리를 관장하는 별이기 때문에 일부 주술에서는 에메랄드를 황소자리의 탄생석으로 본다. 금성(비너스)은 동명의 여신과도 이어져 있어서 다양한 사랑의 여신과도 관련이 있다. 이렇게 에메랄드, 황소자리, 금성은 로맨틱한 사랑이라는 개념과 이어지게 되었다. 주술사는 이 관계를 최대한 이용하여 결과를 달성했기(했다고 여겼기) 때문에 녹색은 사랑의 주술의 색으로 여기게 되었다. 다만 모두가 에메랄드를 가질 수 있는 것은 아니다. 공감주술을 사용하는 자는 개념의 관계에 따라 힘이 늘어나고, 그 힘으로 주술의 효과가 높아져 주술사의 의지를 넘어서는 에너지가 만들어진다고 믿는다. 조응의 작용은 찬반이 나뉘는 연구자 루퍼트 셸드레이크(Rupert Sheldrake)가 주장한 '형태형성장 가설(Morphic Resonance, 인간이나 물건에 일어난 일이 다른 인간이나 물건에 전파된다는

"공감주술의 원칙은 '유유상종.'"

주술은 '상징적 요소', '적절한 시기', '언어'
를 치밀하게 조합해야 비로소 주술을 쓰
는 자의 힘을 높여 원하는 바를 실현한다.

Images Source Getty

"자신의 의도를 입에 담음으로써
긍정하고 현실로 만든다."

감염의 법칙
The Law of Contagion

주술에는 다양한 원리가 있다. 에메랄드 태블릿의 '아래에 있는 것은 위에 있는 것처럼, 위에 있는 것은 아래에 있는 것처럼'은, 온갖 차원의 비슷한 관계에 언급되며 주술이 이들에 어떻게 작용하는지를 서술한다. '세 개의 규칙'은 힌두교의 다르마(자연의 질서와 덕)의 개념을 위카의 시점에서 해석한 원리로, 우리가 선의 혹은 악의 등 어떤 의도로 행동하든 세 배가 되어 돌아온다고 설명하고 있다(선행을 독려하는 더할 나위 없는 이론). 감염의 법칙이란 바이러스에 관한 법칙처럼 들리지만 놀라운 힘이 담긴 이론이다. 이는 공감주술의 일부로 한번 접촉한 인물이나 물건 사이에는 마법적 연결점이 있다고 설명한다. 성인의 성유물, 부두교의 인형, 결혼반지, 연인의 머리카락을 넣은 로켓(사진 등을 넣어 목걸이에 다는 작은 갑·역주)을 가지고 다니는 등 다양한 행위의 이면에는 이 개념이 작용하고 있다.

인간이나 물건의 관련성은 의식에 따라 끊기거나 정화될 때까지 계속된다고 여겨진다. 주술사는 다양한 이유에 따라 연결을 끊고 결합을 떼어내는가 하면 연을 유지하거나 때로는 '보강'하기도 한다. 모든 것이 그렇듯 관계도 시간과 함께 사라져가기 때문이다.

감염의 법칙을 사용하려면 책임감이 필요하며, 타인을 마음대로 조종하는 주술은 결코 아니다. 사랑하는 사람을 위해 가호를 바라는 주술과 모종의 아이템(보통 돌)을 합치면 더 뛰어난 효과를 발휘한다.

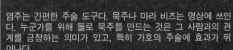

염주는 간편한 주술 도구다. 묵주나 마라 비즈는 명상에 쓰인다. 누군가를 위해 돌로 묵주를 만드는 것은 그 사람과의 관계를 긍정하는 의미가 있고, 특히 가호의 주술에 효과가 뛰어나다.

발상)'의 개념이나, 어떤 음표와 코드 사이에 연관이 있듯이 특정한 물질과 색이 특정한 원리와 조화하거나 공명한다는 등의 더욱 전통적인 연금술적 사고 등을 통해 설명되는 경우가 많다.

과학적으로 의미가 있는 조응도 있다. 흰버드나무의 나무껍질은 특히 통증을 완화하는 주술에 쓰이는 경우가 많으며, 미의 주술에서도 피부를 아름답게 만들기 위해 쓰인다. 흰버드나무는 물과 치유, 미와 관련지어져 있다. 이것이 조응이다.

의학 분야에서는 19세기에 흰버드나무의 성분을 합성해 진통제 아스피린이 발명됐다. 미용 분야에서는 낭종성 여드름 치유에 쓰이는 살리실산이 생성되었다. 현대에 흰버드나무의 주술적 조응은 지극히 당연하게 응용되고 있다. 이것이 단순한 우연이라는 의견도 있는가 하면, 선조에게는 우리의 생각보다 풍부한 약학 지식이 있었다거나 혹은 이것이 바로 주술이라고 주장하는 자도 있다.

한편 전혀 의미 없는 조응도 있다. 족제비의 고환을 목에 매다는 피임법은 절대 추천할 수 없다(로맨틱한 무드를 방해할 수 있을지는 모르겠지만). 이 중세의 주술은 그리스 신화에서 영웅 헤라클레스가 탄생할 때 여신 헤라와 에일레이티이아를 속인 탓에 족제비가 되어버린 갈란티아스, 겨울에 털이 하얘지는 족제비와 순결의 관계, 족제비가 독뱀을 사냥감으로 삼는 것 등 다양한 요인에서 유래한다고 여겨진다. 모든 조응에 반드시 의미가 있는 것은 아니고 민화와 신화가 섞인 이해하기 힘든 것도 있다. 요리에 소금 한 자밤이 꼭 필요하듯 현대의 시점에서 조응을 볼 때도 의심을 잊지 않는 것이 중요하다(참고로 주술에서 '소금'은 매우 중요한 의미를 지닌다). 이후 소개하는 조응표(p71)는 안전하게 사용할 수 있는 현대적인 내용이지만 과거의 주술사는 바곳, 벨라돈나, 수은 등 죽음에 이를 수도 있는 위험한 물질로 주술을 행사해왔다. 그러니 결코 따라 하지 말자! 주술 입문자는 거실 탁자에 안심하고 놓을 수 없는 것은 건드리지 않는 편이 좋다. 사랑의 주술 조응 이야기로 돌아가자면 이 주술에 쓰이는 식물은 다양하다.

예컨대 유해하고 환각 작용이 있는 독말풀보다 달콤하고 먹을 수 있는 살구를 쓰는 편이 훨씬 좋다. 모두 금성, 황소자리, 에메랄드그린, 즉 사랑과 이어져 있으나 상식적으로 생각해도 연인을 매료하고 싶다면 유독식물보다 편안함을 주는 식물을 쓰는 편이 성공률이 높다. 주술사 중에는 '독의 길(포이즌 패스)'을 선택하는 자도 있어 대개 헬레보어 따위의 유독식물을 사용한다. 그들은 대개 주술사임과 동시에 원예의 전문가로 자신이나 타인을 지키는 데 필요한 위험에 대한 대처법을 숙지하고 있다. 조응표를 보고 모르는 게 있으면 잘 알아봐서 안전하게 쓸 수 있는지를 확인하자. 자신이나 주술을 걸 상대에게 알레르기가 있는 경우도 주의가 필요하다.

주술의 조응용 아이템을 모으려고 화학 실험

사냥감을 그린 선사시대의 동굴벽화와 공감주술의 의식에는 관련성이 있다고 주장하는 연구자도 있다.

리본은 주술사들에게 매우 중요한 도구다. 다양한 색의 리본을 다른 것에 묶거나, 리본끼리 묶어서 다층적인 조응을 응용할 수 있다.

살구는 그 조응으로 사랑의 주술에서 특별한 힘을 발휘한다. 생으로도 건조한 것으로도 살구와 그 과즙에는 편안한 최음 효과가 있고 나무껍질, 꽃, 잎은 향이 된다. 살구 씨는 사랑을 불러들이며 에센셜 오일은 향수로도 쓰인다.

세트를 구입하거나 생물을 해칠 필요는 없다. 가장 오래된 조응표는 대부분 연금술에서 유래하며, 연금술사들은 원하는 대로의 결과를 가져와줄 법한 것을 말 그대로 닥치는 대로 이용했다(말이 되는 경우도 있다. 예를 들면 인간의 오줌은 연금술 실험에 가장 알맞은 산성 물질이지만 동물의 오줌은 그렇지 않다). 동물의 뼈를 이용하는 주술사도 있으나 동물을 죽이는 것도, 누군가의 소중한 반려동물의 뼈를 쓰는 것도 아니므로 격정할 필요는 없다. 그들은 들로 나가 야생동물 시신의 뼈를 주워 이것을 쓸 허락을 동물의 영혼에게 구한다. 이 점에 대해서는 찬반이 나뉘므로 입문자에게는 추천하지 않는다. 하지만 이제부터 쓸 주문에 동물의 뼈가 꼭 필요하다고 느낀다면 선데이 로스트의 위시본(선데이 로스트는 영국에서 일요일에 먹는 고기구이. 식후 남은 뼈를 잡아당겨 부러졌을 때 긴 쪽을 쥔 자가 소원을 이룰 수 있다. 이 뼈를 위시본이라고 한다)을 깨끗하게 만들어 사용하거나 전문점에서 화석을 구입하면 여러 번 사용할 수 있다.

주술에서 효과를 크게 기대할 수 있는 도구 중 하나가 리본이다. 리본의 색상 종류는 무한해서 무수한 조응색을 찾을 수 있다. 물건에 감을 수 있으므로 사랑의 주술을 위한 녹색 양초가 없더라도 평범한 흰 양초에 녹색 리본을 감아 대용할 수 있다(물론 불이 옮겨 붙지 않도록 조심하자). 촛농에 눌러 병이나 봉투를 봉인하거나 식물을 유인하는 데 쓰거나, 주머니에 슬쩍 리본 참을 넣어두거나, 팔찌로 삼아 언제나 차고 다니거나, 제단이나 의식의 공간에 장식하는 등 쓰임새는 다양하다. 조응을 이용한 주술에 익숙해지면 두 색 이상의 리본을 짜서 주술에 더 복잡한 영향을 끌어들일 수도 있다.

주문은 조응과 같은 작용을 한다. 고대 그리스 통치 시대의 이집트에서 '야만스러운 이름'이라 불렸던 무의미한 울림의 고대 주문은 소리로써(적절한 가락으로 읊는 것이 조건) 혹은 언어로써(고대 언어를 사용한다) 혹은 울림으로써(반복해서 쓰이면서 더 많은 힘을 얻기 위해) 효과를 발휘한다고 믿어졌다. 그러나 아무리 간단한 말이라도 말하기만 해도 효과가 있다. 소원을 명료하게, 되도록 아름답고 시적인 가락으로 소리 내어 말함으로써 이를 확신하고, 세상에 드러내고, 실현시킬 수 있기 때문이다. 말의 '주술'은 환술, 매혹, 마법적 현실로의 전환을 의미한다고도 할 수 있다. 무언가 혹은 누군가에게 주술이 걸리면 꿈속과 같은 상태가 된다. '인챈트먼트'라는 말은 문자 그대로는 '영창한다', '리드미컬하게 소리를 낸다'는 것을 의미한다. 인간은 주술을 걸(인챈트) 때 주문을 읊는다. 영어로 주문을 가리키는 '스펠', '인카네이션' 중 후자는 '노래'를 의미하는 라틴어에서 유래한다. 고대 노르드어의 '갈드르'는 발화하거나 노래하는 주술이다. 영어의 '나이팅게일(밤꾀꼬리)'의 어원이기도 하며, 새의 아름다운 울음소리에 따라 '밤의 주문'을 의미한다.

주문의 언어를 조응을 바탕으로 선택한 것과 조합하면 자신만의 조합이 생기나 소원을 증폭시키고 강화한다. 언어와 물건 자체에 마법적인 힘이 있는지, 혹은 단순히 상징적으로 조화해서 주술사 자신의 힘을 강화하는지는 개인의 견해에 달렸으나 궁극적으로는 주문이 효과를 발휘하는 데 필요한 것은 믿는 힘(과 현상을 일으키기 위한 조금의 기세)이다.

주술의 아이템으로는 날것이나 건조시킨 식물, 다양한 색의 양초, 수정, 상징적인 디자인 등을 들 수 있다. 조응표에서 필요한 주술과 공명하는 아이템을 찾아보자.

버베나는 드루이드가 성별한 허브로 다방면으로 조응이나 마술적 연관을 증폭시킨다고 여겨진다.

4대 원소
THE FOUR ELEMENTS

> "모든 것을 원소로 환원하는 주술의 사고방식은
> 고대를 기원으로 삼는 개념으로 큰 영향력을 지녔다."

— 폴 워커 에믹 —

땅, 대기, 물, 불. 4대 원소를 아는 사람은 많을 것이다. 현대 문화에도 깊이 뿌리내린 것을 보면 고대로 거슬러 올라가는 이 개념의 영향력을 엿볼 수 있다.

원소의 개념은 많은 철학, 원시 과학 문화, 특히 고대 그리스 문명에서 발견된다. 철학자 엠페도클레스(Empedokl-cles)는 기원전 450년경 4대 원소를 바탕으로 한 이론을 세워, 모든 것은 이 네 가지 기원으로 환원된다고 주장했다. 훗날 아리스토텔레스는 이 주장을 확장시켜 각각의 원소의 온도와 습도를 더해서 대기는 따뜻하고 습하며, 불은 뜨겁고 건조하며, 물은 차갑고 습하며, 땅은 차갑고 건조하다고 주장했다. 후세의 연금술사들도 이 개념을 받아들여 현대 주술의 기초가 되었다.

유의해야 할 점은 이 개념을 발전시킨 고대 그리스인과 많은 연금술사들은 현대의 우리들이 납이나 수소를 관찰할 때처럼 화학의 눈을 통해 원소를 보지는 않았다는 것이다. 4대 원소는 사물 자체라기보다 그 사물이 지닌 성질을 서술하는 것일 뿐 꼭 문자 그대로 파악되지는 않는다. 이 개념은 강력한 철학적, 우의적, 생리학적 구성요소를 내포하며 연금술의 역사 내내 이용되었다. 연금술사들은 이 개념을 더욱 학술적, 신비학적으로 받아들여 발전시켰으며, 이것이 현대 주술로 이어지게 되었다.

이슬람교도인 고명한 연금술사 자비르 이븐 하이얀(Abu Musa Jabir ibn Hayyan)은 각 금속에는 아리스토텔레스가 주장한 특성 중 두 외부 특성과 두 내부 특성이 있다고 주장했다. 납의 외부 특성은 차갑고 건조하며, 금은 따뜻하고 습하다. 그러므로 열이 가해진 물이 기체로 변하는 것처럼 차가운 것을 따뜻한 특성으로 바꾸어 원소의 속성을 재배치함으로써 어떤 금속을 다른 금속으로 바꿀 수 있다는 것이 그의 주장이다. 그의 관심은 필연적으로 실험으로 기울어져, 원소 특성을 조작하는 법, 그로부터 발전한 연금술법을 모색했다. 이븐 하이얀의 사상과 업적은 연금술에 강렬한 영향을 미쳤다.

4대 원소를 기초적, 근원적 구성요소로 받아들이고 우주가 여기서부터 생겨났다는 개념은 중세 유럽 연금술의 특성 중 하나이지만 동시에 강렬한 정신적 암시도 포함하고 있다. 13세기 연금술사들은 공통적으로 금속의 조작 방법을 발견하면 이것을 응용해 인간의 혼을 정화하고 신성과 결합시킬 수 있다고 믿었다.

위카의 이론에는 제5의 요소가 더해져 스피릿, 에테르, 아카샤 등으로 불린다.

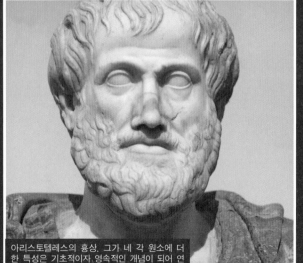

아리스토텔레스의 흉상. 그가 네 각 원소에 더한 특성은 기초적이자, 영속적인 개념이 되어 연금술 역사뿐만 아니라, 널리 영향을 끼쳤다.

FIRE　　WATER　　AIR　　EARTH

4대 원소를 나타내는 연금술 기호. 왼쪽부터 불, 물, 대기, 땅.

Creatura
IGNIS
Acutus·Tenuis.
ac Mobilis
AQVA
s·et Obtusa·
AER
Mobilis·Acu=
tus·Crassus
TERRA
Crassa·Ob=
tusa·et Immobilis

땅의 정령 혹은 노움(gnomes)은 왜소
하고 소심하다. 현대 기술을 경계하고
있다고 여기나, 영국의 민화에 등장하
는 집을 청소하는 호브(소귀)처럼 우호
적인 자도 있다.

러시아의 전설에는 지하
의 신이 등장한다. 마카
라이트의 처녀, 동산의
여주인, 스톤 마더라 불
리며, 성스러운 산의 비
밀의 지하왕국에 살면서
광부들을 지켜보고 있다
고 믿었다.

П.П. Бажо

땅을 둘러싼 전승
THE LORE OF EARTH

**"땅은 성장, 자연, 생명의 원천임과 동시에
어둠, 정적, 죽음의 영역이기도 하다."**

에이프릴 매든

땅은 예로부터 전해지는 4대 원소의 최초의 원소로 북쪽 방향, 그리고 모든 물질적, 물리적인 것과도 이어져 있다. 지상의 현실적인 요소이며 말 그대로 '땅에 발이 닿아' 있지만 신비로운 요소가 없지는 않다. 땅은 그 안에 삶의 약속과 죽음의 확실성을 품고 있다. 봄의 싹트기, 싱싱하게 맺히는 과일과 동시에 겨울의 추움, 불모, 생기의 소실을 내포하고 있다. 그리스 신화는 종종 이 이원성을 봄의 여신 페르세포네와 명계의 신 하데스로 상징했다. 영어에서는 대지와 관련된 신들을 크토니오스적이라고 형용한다. 그 뜻을 따지면 '지하'를 가리키나 특히 명계와 관련된 신들을 나타낼 때 쓰이는 말이기도 하다. 지상에서 성장하는 식물의 신조차 그 기원은 지하에 있다. 예컨대 포도주의 신 디오니소스는 자유롭게 지하와 지상을 오가며 이미 죽은 자가 된, 혹은 아직 살아 있는 친구와 가족을 찾아간다.

대지의 자연은 이원성으로 차 있다. 연금술사들은 땅을 차갑고 건조하다고 여겼고, 훗날 뉴턴이 만유인력의 법칙을 확립할 때까지 만물은 '땅을 채우기' 위해 떨어진다고 주장했다. 대지는 가을, 그리고 우수와도 관련이 있으나 동시에 금속이나 원석의 형태를 한 물질적 풍요와도 관련이 있다. 황천의 신 하데스는 '부'를 의미하는 플루톤(훗날 로마시대에는 플루토)이라고도 불린다. 땅은 죽음의 왕국이지만 씨와 구근, 과실은 땅의 어둠에서 밖을 향해 뻗는다. 그러므로 대지는 종종 길러주는 어머니의 개념으로 표현되며, 주술에서는 소금으로 상징된다. 16세기 스위스의 연금술사 파라켈수스는 땅의 원소의 상징으로 노움(gnomes)의 개념을 제창했다 (라틴어로 '땅의 주민'을 의미하는 'genomos'를 잘못 표기한 것일지도 모른다). 원소에 처음으로 이름을 지은 파라켈수스에 따르면 이러한 생물 자신은 이미 예로부터 전설을 통해 잘 알려져 있었다고 한다. 노움은 키가 60cm 정도에 인간을 따르지 않고 지하세계에 틀어박혀 생활하며, 지하를 자유롭게 오가고 인간이 공기를 마시는 것처럼 땅속에서 호흡할 수 있다. 파라켈수스가 그린 광산과 땅의 주민은 신화와 민화에 등장하는 다양한 왜소한 땅의 생물과 밀접한 관련이 있다. 스칸디나비아의 다크엘프, 드워프, 『페르 귄트(Peer Gynt, 노르웨이 극작가 헨리크 입센이 민담을 기초로 만든 운문극-역주)』의 트롤 처녀, 올드 맨 오브 더 마운틴(미국에 있는 노인의 옆모습으로 보이는 바위), 영국의 브라우니와 호브, 현대에도 바위 정원이나 연못가에 모여 있듯 장식되어 있는 가든 노움도 이에 포함된다.

> 지구는 종종 여신으로서 개념화된다. 가이아, 대지 또는 대자연은 일반적인 인격체이다.

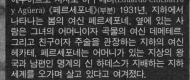
에두아르도 치차로 아구에라(Eduardo Chicharro y Agüera) 《페르세포네》(부분) 1931년. 지하에서 나타나는 봄의 여신 페르세포네. 옆에 있는 사람은 그녀의 어머니이자 곡물의 여신 데메테르, 그리고 친구이자 주술을 관장하는 지하의 여신 헤카테. 페르세포네는 어머니가 있는 지상의 왕국과 남편인 명계의 신 하데스가 지배하는 지하세계를 오가며 살고 있다고 여겨졌다.

"지상에서 성장하는 식물의 신조차 그 기원은 지하에 있다."

대기를 둘러싼 전승
THE LORE OF AIR

"대기는 바람과 하늘에 가득한 별을 상징하며, 마음,
지식, 존재의 가벼움을 표현한다."

에이프릴 매든

대기는 4대 원소의 두 번째 원소다. 현대 서양의 주술 체계는 황금여명회의 교의를 바탕으로 하는데 그중에서 대기는 해 뜨는 봄과 아침 바람, 밝고 공기처럼 가벼운 모든 것과 관련이 있다. 고대 그리스인은 대기를 두 개념으로 받아들였다. 하나는 아에르, 다른 하나는 에테르다. 전자는 하층 대기로, 비, 구름, 안개, 연기 때문에 흐려진다. 후자는 구름 위의 밝게 빛나는 하늘이다. 현대에 에테르는 펜타그램(오망성)에 따라 나타나는 제5의 원소, 추상적 개념인 스피릿과 결부되기도 하며, 대기의 중요한 특징인 가변성을 표현한다. 대기는 가변성이 높은 원소로, 쉽게 변하며 예측 불가능하고 불안정하며, 지성과 혼의 특성과 관련돼 있다.

대기에 기도를 올릴 때는 잘 퍼지는 향을 쓰는 경우가 많다. 고대 그리스인은 아에르를 열이나 습기와 연관지어(따뜻하고 습한 여름의 바람을 상상하면 알기 쉬울 것이다) 밝고 우호적이고 낙천적인 유형에 해당한다고 여겼다. 이와는 대조적으로 에테르는 신성이며, 불변이며, 신성하다. 별이 빛나는 고원한 감벽색의 하늘이다. 땅이 그랬듯 대기도 이원성을 내포하고 있다. 수메르 신화에 나오는 엔릴은 대기를 관장하는 신으로, 어머니인 땅과 아버지인 하늘을 나누었기 때문에 다른 신들이 탄생했다. 이 때문에 그는 신의 신으로 여겨지며, 그 말은 빛의 세계를 출현시켰다고 한다. 아내인 닌릴과의 결합은 이론화되어 바람에 의한 수분을 주제로 삼는 창작신화가 성립했다. 대기의 신들은 반드시 바람과 관련되지는 않았으나, 만신전의 정점의 자리를 차지하는 경우가 많다. 그리스 신화의 제우스(로마 신화의 유피테르)는 인도유럽 조어의 디아우스 피타, 혹은 하늘의 아버지인 뇌신을 기원으로 삼는다. 다만 바람, 대기, 별, 태풍의 신들은 남성만 있지는 않다. 거울로 번개를 부르는 중국의 전모(혹은 레이즈), 대기를 관장하는 그리스의 헤라, 하늘을 관장하는 이집트의 누트. 모두 여신이다.

파라켈수스에 따르면 대기를 관장하는 정령은 실프인데, 어원은 라틴어의 나무, 또는 그리스어의 나방으로 여겨진다. 혹은 '님프'를 의미하는 혼성어라는 설도 있다. 빅토리아 왕조의 고전적 페어리의 원형과 가까운데, 덧없고 투명하며 나비 날개가 달렸고 비물질적이지만 대기처럼 때때로 거친 성격을 드러내기도 한다. 가볍고 둥실둥실하더라도 반드시 온화하지만은 않다.

> 고대의 사람들은 상층 대기인 에테르는 별이 수놓여 회전하는 천구를 구성하는 요소라고 여겼다.

"대기의 신은 반드시 바람과 관련되지는 않았으나,
만신전의 정점의 자리를 차지하는 경우가 많다."

장오귀스트도미니크 앵그르(Jean-Auguste-Dominique Ingres) 《유피테르와 테티스》(부분) 1811년. 많은 문화에서 하늘을 관장하는 아버지 신은, 바람과 거친 하늘의 파괴적인 힘을 상징한다.

르네상스 시대의 주술에는 대기의 정령은 '실프'라 불리며, 덧없고 쉽게 변하는 성격을 나타냈다.

고대 그리스인은 대기를 '아에르'라 불리는 하층 대기와 '에테르'라 불리는 하늘의 두 개념으로 나누어 생각했다.

불을 둘러싼 전승
LORE OF FIRE

> "불의 원소는 양날의 검이다.
> 제어되고 있을 때는 따뜻하고 생명을 기르지만,
> 감당할 수 없어지면 거칠어져 목숨을 앗아갈 수 있다."

에이프릴 매든

고대의 사람들은 불은 인간과 동물을 나누는 원소라고 생각했다. 땅, 대기, 물은 우리들을 둘러싸고, 우리는 언제나 그 안에서 움직이고 있다. 우리의 몸의 일부라 해도 과언이 아니며, 공기와 물은 물론 땅의 경우도 알칼리 토류 금속인 칼슘이 뼈를 형성하고 있다. 한편 불은 난폭해서 예로부터 화산의 산물, 벼락, 지나칠 정도로 건조한 상태로 여겨졌다. 인간이 이를 길들이고 훗날 불을 피울 수 있게 된 것은 인류사상 매우 중요하면서 획기적인 전기로, 많은 문화에서 이에 관한 신화를 찾아볼 수 있다.

성스러운 불의 개념은 고대의 다양한 종교에서 발견된다. 특히할 것은 조로아스터교와 로마의 이교다. 로마인은 화로의 신 베스타(헤스티아)를 신앙했고, 그 신전에서는 불이 끊임없이 타올랐다. 이것은 더 현실적인 금기의 유풍으로도 여겨진다. 불은 집 안을 따뜻하게 하거나, 밝게 하거나, 조리하는 데 반드시 필요하지만 불을 피울 수 없어 들불밖에 쓸 수 없다면 당연히 불을 꺼뜨리지 않고 언제나 지펴두어야 한다.

세계 각지의 많은 신화에는 '불 도둑'을 모티브로 한 이야기가 전해진다. 어떤 존재가 신들이 숨겨둔 불을 빼앗아 인간에게 준다는 내용이다. 이 '존재'는 그리스 신화에서는 티탄신족인 프로메테우스이며, 힌두교의 『리그베다』에서는 마타리시반(Mātariśvan)이다. 아메리카 원주민의 신화에는 다양한 동물의 아키타입이 불 도둑으로 여겨지며 부족에 따라 다르지만 주로 토끼, 까마귀, 스파이더 그랜드 마더(전설의 거미)를 들 수 있다.

초기 기독교도 사이에서 읽히는 『에녹서(Book of Enoch)』에서 인간에게 불을 준 것은 타천사 아자젤이다. 노르드 신화에서는 신 로키가 독수리로 변신한 트야치(Thia-zi)를 만나 불을 피우는 법을 배웠다고 한다. 불을 피우는 신들은 대개 트릭스터(장난을 좋아하고 나쁜 짓을 하는 캐릭터)이며, 불 그 자체의 성질을 나타낸다. 즉, 친밀하고 생명을 기르며 따뜻하게 하는 한편 혼돈스럽고, 난폭하고, 목숨을 빼앗는 성질이 있다. 다른 원소와는 달리 생물은 불 속에서는 살아갈 수 없으나 오컬트주의자 파라켈수스는 영원류(샐러맨더)는 별개라고 주장했다. 이 설은 비교에 큰 영향을 주어 현대에 이르기까지 샐러맨더는 불의 정령으로 여겨진다.

불의 이용은 인류의 문화에 헤아릴 수 없는 영향을 미쳤다. 불은 힘, 정열, 에너지, 빛, 열, 문명을 상징한다. 부싯돌로 불꽃을 일으켜 불에게 기도하거나 불티로 불을 붙이는 행위는 우리의 선조가 처음으로 실현한 진정한 주술일지도 모른다.

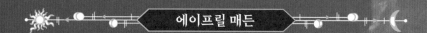

연금술에서 불은 욕망의 상징이다. 이것은 육체적인 힘뿐만 아니라 성공을 바라는 강한 의지도 가리킨다.

그리스 신화의 티탄신족 프로메테우스는 인간에게 불을 주었기 때문에 벌을 받았으나 영웅 헤라클레스가 해방해주었다.

펠레는 용암과 화산을 관장하는 하와이의 여신이다. 기독교가 들어와도 펠레 신앙은 끊이지 않았으며, 화산의 폭발을 경고한다고 믿어진다.

마나난 막 리르는 아일랜드의 바다의 신.

물을 둘러싼 전승
THE LORE OF WATER

> "물은 생명, 청결, 치유의 표상이다.
> 그러나 많은 이야기에서 죄 없는 사람들에게 분노를
> 폭발시키는 무시무시한 바다 괴물이 등장한다."

레베카 그레이그

물은 4대 원소 중 가장 생명과 친화성이 높은 원소다. 생명 유지에 꼭 필요하며 치유, 청결, 순화에 쓰인다.

물의 정령에 관한 민화는 많은 문화에서 발견된다. 그리스의 물의 정령은 '나이아스'라 불리며 샘과 시내를 관장한다. 고대 로마인이 신앙한 카메나에는 나이아스에 가까우나 그 외 많은 문화에도 고유의 물의 정령이 있다. 공공(共工, 중국 신화의 물의 신-역주), 쉴(웨일스 신화의 물의 신-역주), 마나난 막 리르(아일랜드 신화의 신족, 바다의 신 레르의 아들-역주) 뇨르드(북유럽 신화의 바다와 바람의 신-역주), 포세이돈, 나마카(하와이 신화의 바다의 여신-역주)는 그 일례다.

영국의 민화에 따르면 많은 시내와 우물에는 물의 정령이 깃들어 있어 은 조각을 성수에 던져 그곳을 관장하는 신에게 공물을 바치는 풍습이 생겨났다고 한다.

스코틀랜드 연안의 섬들에는 바다에 관한 많은 전설이 전해진다. 스코틀랜드 인근, 루이스섬과 시안트제도 사이의 민치해협에 있는 수중 동굴에는 '블루멘(민치의 푸른 남자들)'이라는 바다의 괴물이 산다고 한다. 인간처럼 생겼고 피부가 푸른 생물로, 배 옆을 헤엄치며 폭풍을 일으키거나 어부를 바다에 끌어들이거나 하여 배를 파괴하려 한다. 선장은 배를 지키기 위해 블루멘이 내는 수수께끼를 풀어야 한다.

켈트 민화의 켈피라 불리는 수마는 스코틀랜드와 아일랜드의 해안이나 연안을 어슬렁거린다. 스칸디나비아의 민화에도 이와 비슷한 수마 베카헤스트가 등장한다. 구전에 따르면 안개가 끼면 시냇가에 베카헤스트가 나타나는데, 베카헤스트에 탄 자는 결코 내릴 수 없고, 말은 물에 뛰어들어 타고 있는 자를 익사시킨다고 한다.

영국의 요크셔에 전해지는 민화에 등장하는 그린딜로(혹은 그린델로)는 『해리 포터』에 나오는 괴물의 모델이 되었다. 어른들은 아이들이 물가에서 놀지 않도록 '긴 손톱이 달린 괴물이 너를 물속에 끌어들여 빠뜨려버린다'는 이야기를 들려주었다.

영국에서는 옷이나 식기를 씻을 때 물을 흩뿌리는 여성은 저주에 걸려 남편이 주정뱅이가 되어버린다고 하며, 우물이나 샘에서 돌아올 때 양동이에서 물이 넘치는 것은 재수가 없다고 여겼다.

존 윌리엄 워터하우스 《나이아스》(부분) 1893년. 물을 관장하는 정령과 신들은 다양한 문화에 등장한다.

스칸디나비아 민화에 등장하는 포세그림은 폭포의 정령이다. 음악의 재능이 있다고 한다.

물에는 온갖 괴물과 이형이 깃들어 있다고 여겨진다.

별의 주술
THE MAGIC OF THE STARS

**"점성술은 주술을 쓰기에 가장 알맞은 시기를 고르거나
부적에 이 세상의 것이 아닌 힘을 부여하는 등 믿어지지 않을
만큼 큰 영향을 주술에 미친다."**

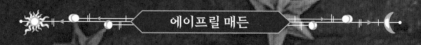
에이프릴 매든

황도 12궁은 강력한 주술 도구다. 각 별자리가 4대 원소 중 하나와 관련이 있다고 하여 특정한 달의 우세한 에너지를 쉽게 알아볼 수 있을 뿐 아니라 주술을 쓰는 본인이나 상대에 대응한 주술을 쓰기 위한, 혹은 효과를 높이기 위한 알맞은 시기를 정확하게 파악할 수 있다.

중국이나 인도의 점성술에서는 여러 별자리나 난해한 계산식을 이용하여 결혼, 시험, 축사 등에 알맞은 시기를 정했으나 서양 점성술은 그렇게까지 복잡하지는 않다. 한두교의 점성술은 세분화되어 있어서 태어난 일시와 장소에 따라 명

상을 위한 비자만트라(1음절로 이루어진 짧은 만트라)를 원하는 대로 고칠 수 있다.

바빌로니아, 고대 그리스, 아라비아의 이론을 바탕으로 한 서양 점성술은 강력한 도구지만 습득하기는 그리 어렵지 않다. 현대에는 운 좋게도 천체에 대한 완벽한 지식이 없어도 출생도를 만들 수 있다. 대부분의 사람은 자신의 별자리를 알고 있을 것이다. 이것은 탄생 별자리라고도 하며, 서양 점성술에서 탄생했을 때 태양이 있었던 별자리를 뜻한다. 탄생 별자리에서 유래하는 각각의 기본적 성격은 널리 알려져 있는데 주술은 그 외의 다양한 점성술의 요소가 가미된다.

예컨대 베헤니안 항성은 열다섯 개의 '고정된' 별의 모임으로, 행성, 표상, 원석, 식물에 더 많은 힘을 준다고 믿어진다. 평화와 행운 등 긍정적인 일을 바랄 때 어느 특정한 시기에 항성의 힘이 부적에 담긴다고 믿는 점성술사도 있다.

달 별자리란 '태어났을 때의 달의 별자리'를 의미하며, 특히 주술에서 중요한 작용을 한다. 주술을 커스터마이즈하려면 주술을 쓸 때의 달 성좌를 알아두는 것이 핵심이다. 그리고 주술의 목적에 맞는 달 별자리와 월상을 정확히 파악해두면 더 많은 에너지를 끌어들일 수 있다.

탄생 별자리, 달 별자리, 상승궁은 주술에 유력한 점성술 요소이다.

서양 점성술의 황도 12궁은 고대 그리스인의 바빌로니아 점성술의 해석을 바탕으로 하고 있다.

♒ Aquartus   ♓ Pisces   ♈ Aries

♊ Gemini   ♋ Cancer   ♌ Leo   ♍ Virgo

♎ Libra   ♏ Scorpius   ♐ Sagittarius   ♑ Lapricornus

Image source: Wiki

Image source: Pixabay

Image source: Getty

태음력에서 보름달은 초능력이나 감이 가장 강력해지는 절정기라고 한다.

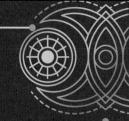

보름달, 에스바트, 주술
FULL MOON, ESBATS & MAGIC

"달은 주술에서 가장 중요한 역할을 맡는다. 전통적으로 많은 문화에서 달에는 주술을 좌우하고 강화하는 힘이 있다고 믿어져왔다."

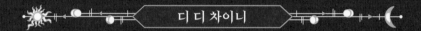

디 디 차이니

현대의 이교는 대부분 달의 주기를 기초로 삼는다. 각 월상에는 고유의 에너지가 있는데 보름달부터 그믐달까지 달은 이지러지며, 이 시기에 청소나 사색을 하거나 낡은 것을 정리하는 등 액막이 주술을 쓰는 경우가 많다. 이와는 대조적으로 그믐달부터 보름달까지 달이 차는 시기는 성장, 새로운 가능성, 계획 실행에 잘 맞는다.

보름달은 달이 매우 강력한 마력을 지닌 시기다. 달의 힘이 최대가 되어 만사가 밝혀지는 계몽의 때로 상현주술이 성과를 가져오고 효과를 발휘한다. 많은 현대 이교도는 달을 여신의 표상으로 여긴다.

예로부터 이교도들은 한 달에 한 번 보름달 밤에 모여 보름달을 향한 신앙을 서로 확인했다. 이를 '에스바트'라고 한다. 위카 그룹의 경우 이 모임은 마녀집회로 간주된다. 이런 모임은 대개 옥외의 자연 속에서 열리나 도시에 사는 그룹은 집이나 지역 집회소, 또는 주점 같은 곳에도 모이며, 고립된 이교도는 옥외나 자택에서 개인적으로 의식을 치른다. 드루이드는 에스바트를 열지 않으며 보름달의 집회도 독특하다. 그믐달 시기에 모이는 드루이드도 있으나, 보름달 신앙은 더 널리 퍼져 있다. 다만 보름달이 상징하는 것은 다르며, 보름달 예배는 더 개인적이고 사바트보다 의식적인 색이 옅다. 사바트에서 기리는 것은 형식적인 한 해의 바퀴의 각 제삿날이다. 많은 이교도가 1년에 12~13번 오는 보름달의 밤을 관찰하고 정기적으로 정신성과 신앙을 높인다. 보름달 밤, 주술사는 종종 원을 그려서 보호받는 성스러운 공간을 만들며, 그 안에서 의식을 치러 영이나 원소의 정령을 입회인으로 부르고, 의식이 끝나면 원을 지운다. 이러한 의의가 깊은 의식을 통해 자연과 신에게 감사를 바친다. 이 시기를 이용해 타로 카드나 오라클 카드 등으로 다음 달의 운세를 점치거나 계절의 테마나 보름달에 대해 명상하기도 한다. 보름달의 명칭은 신앙이나 전통에 따라 다르다. 보름달 에스바트에서는 양초를 이용한 주술도 쓰이나 청정, 치유, 영적인 균형이나 성장에 초점을 맞춘 것이 많다.

상현달, 보름달, 하현달은 처녀, 어머니, 노파라는 여신의 세 얼굴을 나타낸다는 설도 있다.

Image source: Unsplash

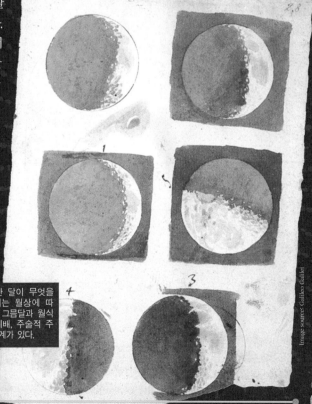

한 달 동안 달이 무엇을 상징하는지는 월상에 따라 다르다. 그믐달과 월식은 표상, 예배, 주술적 주제 등과 관계가 있다.

Image source: Galileo Galilei

월상 MOON PHASES

달은 주술에 영향을 미친다. 그 힘을 끌어내는 법을 알아보자.

그믐달과 상현달은 곡선이 오른쪽에서 나타나 밤마다 커지다 보름달에 이른다. 그 뒤 오른쪽부터 작아져 왼쪽으로 곡선이 넘어가 이지러지다 결국 보이지 않게 되고 다시 새로운 주기가 시작된다. 곡선이 오른쪽부터 부풀어 반 이상 보이는 것을 '상현망간의 달'이라 하며, 곡선이 왼쪽으로 넘어가 파인 달을 '하현망간의 달'이라고 한다. 지금이 달의 어느 시기인지나 자신이 있는 곳의 밤(혹은 낮)의 달이 뜨고 지는 시각은 인터넷으로 알아볼 수 있지만 그보다 때때로 하늘을 올려봐 그 리듬을 익히는 것은 어떨까. 확인하지 않아도 월상을 알게 될 것이다(월상 전용 앱도 있다). 여기서는 각 달의 호칭과 주술에서의 의미를 소개한다.

그믐달
New moon

Spells for:

치유(건강 증진)
연애
식재나 원예
창작 활동
새로운 시작

1

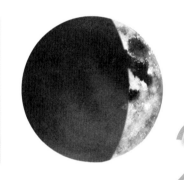

초승달
waxing crescent

Spells for:

활동과 발전
경사
행운
미
행복

2

상현달
First quarter

Spells for:

용기, 가호
유혹
행운
잃은 물건 찾기
우정

3

십삼야의 달
waxing gibbous

Spells for:

조화와 평화
치유
의욕
용기, 가호
에너지 상승

4

월식
Blood moon

지구의 그림자가 달과 태양 사이에 들어가면 개기월식이 일어나 달이 받아야 할 햇빛이 막혀 기묘한 붉은빛이 된다. 전조, 예언, 점과 관련지어진 현상으로 수 년마다 일어난다.

현대 이교에서는 월식 때 주술을 써서는 안 된다는 의견도 있으나 이러한 발상은 고대 문서에서는 발견되지 않는다. 비교적 새로운 주장이다.

블루 문
Blue moon

블루 문이란 양력 날짜로
한 달에 보름달이 두 번 뜰 때 두 번째로 뜬
보름달을 가리킨다. 또 미국 메인주의 파머스
알마낙(농부를 위한 천문·기상 정보가 담긴 역)에서는
한 계절에 네 번 찾아오는 보름달의 세 번째를
가리킨다. 희소한 현상으로
보름달의 주술에 더 많은 달의
에너지를 끌어올 수 있다.

"보름달은 달이
매우 강력한 마력을 지닌 때.
계몽의 때이기도 하다."

보름달
Full moon

Spells for:

사랑
치유
경사
행운
계시, 예언
풍요

5

웨이닝 지버스
Waning gibbous

Spells for:

가호
해방
스트레스 경감
혼의 정화
액막이

6

하현달
Third quarter

Spells for:

힐링(병 치료)
해방
의식적인 순화
가호
액막이

7

웨이닝 크레센트
waning crescent

Spells for:

액막이
정화, 순화
가호
스트레스 경감
질병 치료(힐링)

8

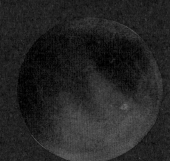

그믐달
The dark moon

Spells for:

변화
화해
평화
계시와 예언
공평
힐링

9

아메리카 원주민 등 일부 문화
에서는 각 보름달에 호칭이 있으
며 지금은 많은 문화가 이 호칭
을 쓰고 있다.

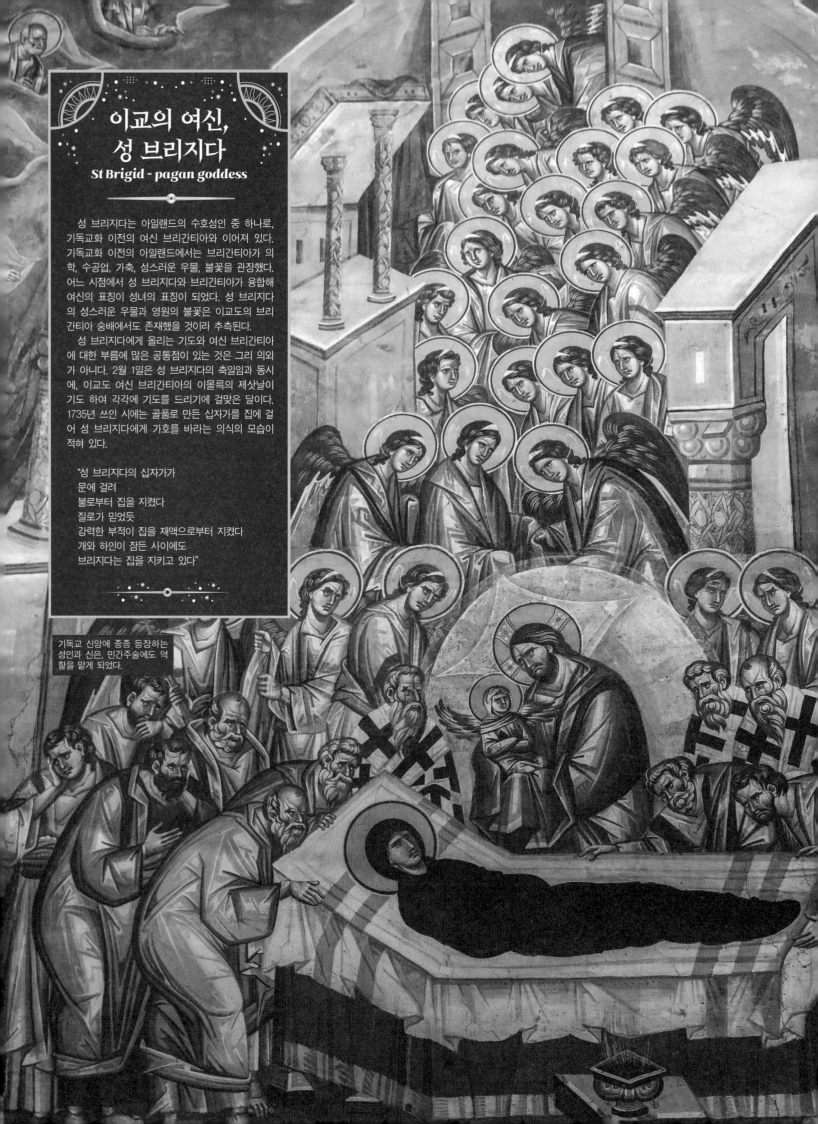

이교의 여신, 성 브리지다
St Brigid - pagan goddess

성 브리지다는 아일랜드의 수호성인 중 하나로, 기독교화 이전의 여신 브리간티아와 이어져 있다. 기독교화 이전의 아일랜드에서는 브리간티아가 의학, 수공업, 가축, 성스러운 우물, 불꽃을 관장했다. 어느 시점에서 성 브리지다와 브리간티아가 융합해 여신의 표징이 성녀의 표징이 되었다. 성 브리지다의 성스러운 우물과 영원의 불꽃은 이교도의 브리간티아 숭배에서도 존재했을 것이라 추측된다.

성 브리지다에게 올리는 기도와 여신 브리간티아에 대한 부름에 많은 공통점이 있는 것은 그리 의외가 아니다. 2월 1일은 성 브리지다의 축일임과 동시에, 이교도 여신 브리간티아의 이몰록의 제삿날이기도 하여 각각에 기도를 드리기에 걸맞은 달이다. 1735년 쓰인 시에는 골풀로 만든 십자가를 집에 걸어 성 브리지다에게 가호를 바라는 의식의 모습이 적혀 있다.

"성 브리지다의 십자가가
문에 걸려
불로부터 집을 지켰다
질로가 믿었듯
강력한 부적이 집을 재액으로부터 지켰다
개와 하인이 잠든 사이에도
브리지다는 집을 지키고 있다"

기독교 신앙에 종종 등장하는 성인과 신은, 민간주술에도 역할을 맡게 되었다.

신들, 성인, 주술

GODS, SAINTS AND SPELLCRAFT

**"종교와 주술이 합쳐지면
놀라운 결과가 일어나는 경우가 있는데,
모든 종교에는 주술에 이르는 길이 있다고 추측된다."**

— 벤 가주르 —

종교와 주술은 척 보면 매우 닮은 점이 많으며, 모두 종래의 합리성과 과학에서 일탈해 있다. 미사에서 성스러운 빵이 그리스도의 육체가 되는 것은 주술일까. 현대의 가톨릭 교도라면 주술과 기적에는 접점이 없다며 이를 부정할 것이다. 하지만 역사상 정통파 신자를 자인하면서 성인, 신, 영 등의 힘에 기대어 주술을 쓰는 자는 결코 적지 않았을 것이다.

> 많은 중세 주문들은 비슷한 상징성을 지닌 기독교 교회의 성인들과 고대 이교도의 신들을 동시에 불러 기도한다.

종교와 주술

기도가 그렇듯 주술도 발화와 사고를 우주의 변화로 전환시키는 수단이다. 기도를 믿는 자도, 주술을 믿는 자도 적절한 수법과 의지가 있으면 우리가 아는 우주의 법칙이 일시 정지하고 바람을 이룰 수 있다고 생각한다. 고대 그리스로마에서 기도는 대개 정성들인 의식과 한 쌍이 되었다. 한마디라도 틀리거나 중요한 절차를 건너뛰면 바람이 이루어지지 않는다. 유럽사를 형성한 이 시대에 주술과 종교는 밀접하게 하나로 이어져 있었다. 로마인, 그리스인, 이집트인에게 신에게 올리는 기도는 개인적인 사항이 아니었다.

차륜 두 개와 소 두 마리를 도둑맞은 바스의 호놀라토스는 철판에 신 메르크리우스를 향한 기도를 적고 물에 담그는 의식을 치러, 도둑이 벌을 받기를 빌었다. 도둑맞은 것이 돌아올 때까지 "이 악행을 저지른 자가 건강히 지내는 것을 용납하지 않으며 누울 수도, 앉을 수도, 마실 수도, 먹을 수도 없어지기를"이라고 빌었다. 고대 세계에는 우리가 상상하는 신앙을 인도하기 위한 경전이 없었기 때문에 종교는 더 유동적이고 민간의 지혜의 영향을 많이 받았다.

아브라함 계통의 종교(유대교, 기독교, 이슬람교)가 발흥한 뒤에도 종교에서 주술의 이용은 계속되었다. 이집트의 사막에서 발견된 그리스 마법 파피

**"기도가 그렇듯 주술도 발화와 사고를
우주의 변화로 전환시키는 수단이다."**

루스는 학자들 사이에서 '야콥의 기도'라고도 알려진 문서의 단편으로, 다양한 주술의 은유와 성서의 테마가 언급되며, 그리스어로 "주여, 나에게 지혜를 주소서, 힘을 주소서"라고 읊는다. 한편 헤브라이어 주문도 적혀 있어 '야콥의 기도를 북쪽과 동쪽을 향해 일곱 번 읊어라'라는 지시가 있다. 이러한 지시는 기도보다 주술에 자주 보이는 요소다. 문서에는 기도와 주술의 각각의 특징이 뒤섞여 있어 어느 쪽으로 분류할지 판단하기 어렵다. 제1천년기에 이교를 숭배한 유럽은 하룻밤에 기독교화하지 않았으며, 많은 지역에서 예수를 믿는 자가 이교도와 공존했다. 유명한 바이킹인 헬기(Helgi)가 땅에서는 예수를 믿고 바다에서는 토르에게 기도했다는 이야기는 잘 알려져 있다. 기독교도로서는 어떤 것이든 이교의 신에게 바치는 기도는 주술이어서 악마적인 주술로 발전할 수 있는 것이었다. 하지만 사람들이 주

술을 통해 이교의 신과 기독교 신 양쪽을 숭배했다는 것은 명백하다.

앵글로색슨의 압운주문은 10세기에 고대 영어로 적힌 일련의 주술이다. 그중 하나 '아홉 약초의 주문'에는 다양한 식물의 이용법이 적혀 있다. 그에 따르면 주술에서 식물의 효과는 '병을 압도하는 다름 아닌 예수 그리스도' 및 뱀을 죽여 식물을 창조한 게르만의 신 오딘에서 유래한다. 이 주문은 기독교도의 기도일까, 아니면 이교도의 주문일까. 유대의 골렘부터 이슬람의 연금술까지, 경전의 종교는 모두 주술과 연동하고 있다. 현대의 이슬람교에서는 초자연적인 힘을 지닌다고 자칭하는 자를 백안시한다. 그러나 과거 메흐메트 2세(II. Mehmed)는 콘스탄티노플을 포위했을 때 공격의 결과를 점치기 위해 점성술사와 점술가를 불렀다. 아마도 메흐메트 2세의 바람을 예측했는지 그들은 대승을 예언했다. 예언을 듣고 사기가 오른 이슬람군은 맹공을 가해 실제로 수도를 함락시켰다.

이슬람 세계는 연금술의 일대 중심지이기도 했다. 연금술에 동반한 자연에 대한 비교적 연구는 종종 주술의 세계와 겹쳐져 섞였다. 13세기 아흐마드

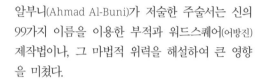
로마시대의 저주판. 납판에 적혀 물에 띄워서 적에게 복수할 것을 신에게 빌었다.

알부니(Ahmad Al-Buni)가 저술한 주술서는 신의 99가지 이름을 이용한 부적과 워드스퀘어(어방진) 제작법이나, 그 마법적 위력을 해설하여 큰 영향을 미쳤다.

성인과 주술

주술을 쓰는 법을 알고 싶은 사람에게 성경은 결코 등을 밀어줄 만한 책이 아니다. 성경에는 '너는 무당을 살려두지 말지니라(출애굽기 22:18)', '점쟁이나 길흉을 말하는 자나 요술하는 자나 무당이나 진언자나 신접자나 박수나 초혼자를 너희 가운데에 용납하지 말라. 이런 일을 행하는 모든 자를 여호와께서 가증히 여기시나니(신명기 18:10-12)'라는 의욕을 꺾는 구절이 적혀 있다. 하지만 다른 종교의 신들이

어느 종교의 신은 다른 종교에서는 악마로 여겨지기도 한다. 신 바알을 기원으로 삼는 바알세불은 마녀에게 힘을 주는 존재라고 믿어졌다.

앵글로색슨의 치유주술 '아케르보트'에서는 기독교의 신과 어머니 대신 양쪽에게 기도한다.

Image source: Creative Commons/ Wellcome Collection

기독교가 아일랜드에 받아들여지자 한때 브리간티아에게 바쳐졌던 오래된 우물이나 샘은 동명의 성 브리지다와 엮여 생각되게 되었다.

어떻게 성경에 차용되었는지, 신자가 어떻게 기독교 성인에게 마력을 기원했는지는 흥미를 끄는 주제다.

구약성경에는 다양한 신이 등장하나 대개 악마로 그려진다. 블레셋인의 신 다곤은 하나님의 궤에 의해 패배했다고 적혀 있으나 훗날의 주술에서도 여전히 그 힘이 숭배되고 있었다. 신의 적으로서 성경에서 가장 잘 알려진 것은 바알일 것이다. 바알은 고대의 신으로 이스라엘에서는 다양한 기회에 숭배되었다. 매혹적인 힘을 지니고 있었기 때문에 훗날 기독교의 무시무시한 악마, 바알세불로 변모했을지도 모른다. 역사상 많은 마녀가 이 신에게서 힘을 얻었다는 것으로 보아도 오랜 세월에 걸친 신들의 경쟁은 결판이 나지 않은 듯 보인다.

물론 모든 고대의 신들이 다른 종교에서 악마로 간주되지는 않는다. 이교도는 지극히 유연하여 새 신들을 기꺼이 받아들이며 주술이나 기도를 통해 빌었다. 기독교조차 이와 같아서 예로부터 성스러웠던 곳에 교회를 세우고 유사한 축제를 기념했다. 오랜 신과 새 성인을 관련지어 태어난 새로운 신앙은 이교도 받아들이기 쉬웠다. 이교의 여신 브리간티아와 기독교의 성 브리지다는 놀랍도록 비슷한데, 예수의 생애와 족적마저 미트라스 등의 신들에 관련된 이야기나 티아나의 아폴로니오스 등 당시 성인전(聖人傳)의 영향을 받았다. 기독교의 성인이 이교와 비슷한 방식으로 숭배되는 것도 당연하다고 할 수 있다.

신의 은총을 바라는 기독교도에게 성인은 든든한 중개자다. 열쇠를 잃은 자는 전능한 신의 손을 번거롭게 할 필요 없이 성 지타에게 빌면 된다. 이 성인에게 기도하면 분실물의 주술과 같은 효과를 얻을 수 있다. "마리아, 브리지다, 미카엘, 바울, 베드로, 가브리엘, 사랑의 요한이여. (중략) 구내염에 걸리지 않기를" 등 성인에게 비는 기도는 주문과 흡사하다.

이중의 역할을 맡는 성인도 있어, 마력과 성성을 겸비하고 있다. 산스의 성 콜룸바는 빗자루와 마녀 모자와 함께 그려지기도 하며 스페인, 갈리시아 지방에서는 마녀와 마법이 걸린 사람 양쪽의 수호자로 여겨진다.

체계와 싱크리티즘(혼합주의)

주술체계에서 신, 성인, 영을 생각할 때 참고가 되는 것이, 이것들을 존재뿐만 아니라 표상으로서 고찰하는 자세다. 주술에서 수호성인에게 기도를 바칠 때, 성인에게는 성성(聖性)은 있지만 기도의 대상은 인간으로서의 성인이 아니라 오히려 우주의 일면에 작용하는 힘이다. 이러한 개념은 싱크리티즘을 촉발하고 종교를 부분적으로 이용할 뿐만 아니라 그 힘에 작용하는 것으로 이어진다. 우리는 이러한 개념의 의미를 도상, 이미지, 말에 의한 상징을 통해 표현한다. 예컨대 "카브리니의 어머니여, 카브리니의 어머니여, 주차 공간을 찾아주소서"라고 읊으며 주차 공간을 찾는 이교도다. 이 경우 사소한 주술은 본인이 믿든 말든 당연히 실현되게 된다.

주술과 종교의 싱크리티즘은 현재에도 진행 중인 현상이다. 멕시코의 가톨릭교도는 죽음과 수호자를 인격화한 산타 무에르테(Santa Muerte)를 받아들였으나 가톨릭교회 상층부는 난색을 표했다. 아이티의 부두교는 서아프리카의 민간신앙, 가톨릭, 유럽의 신비주의, 선주민 타이노족의 신앙 등이 섞여 있으며, 각각의 로어(정령)는 가톨릭의 성인과 관련지어져 있다. 예시를 들자면 레그바(부두교의 신 중 하나)는 파두바의 성 안토니오와 관련이 있다. 주술에서 싱크리티즘이 복잡한 경우도 있다. 레그바는 교차로나 인간과 영과의 교류를 관장하나, 기도를 바칠 때는 물을 따르는 것이 좋다고 하며 인간을 진실로 이끈다고 믿어진다. 파도바의 성 안토니오에게 바치는 기도도 효과가 높다고 한다.

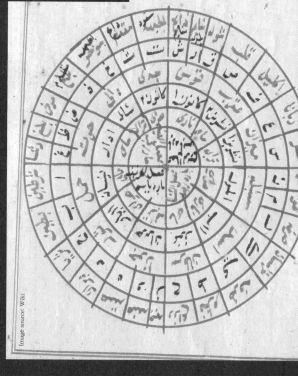

알 부니를 비롯한 이슬람의 주술사들은 천체운동과 알라의 99의 미명을 관련짓는 표를 확립했다.

Image source: Wiki

주문 읊기

BUILDING A SPELL

> "주술사와 주문을 읊는 자는
> 특정한 것에는 마법적인 연관성이 있으며,
> 이를 이용해 주술의 힘을 강화시킬 수 있다고 믿는다.
> 우리도 그 사용법을 배워보자."

에이프릴 매든

주술사들이 특정한 식물, 물건, 색, 돌에 조응이라 불리는 개념적 연관성이 있다고 생각한다는 이야기를 앞서 다루었는데, 예로부터 인류는 조응이 주문의 힘을 높인다고 믿고 이를 이용해왔다. 조응표는 고대의 연금술사, 훗날의 파라켈수스와 하인리히 코르넬리우스 아그리파(Heinrich Cornelius Agrippa) 등의 신비주의자들이 작성했으며, 또 중국과 인도의 의학 지식도 담겼다. 조응을 참고해 핵심 재료와 그 작용을 이용하면 자신만의 주문을 만들 수도 있다.

가장 오래되고 일반적인 조응으로는 고대 서양 점성술에서 전통적으로 쓰여온 일곱 행성을 들 수 있다. 예컨대 태양과 달이 있는데(배경에는 천동설이 있다), 1781년에 발견된 천왕성과 1846년에 발견된 해왕성은 여기에 포함되지 않는다. 인터넷에서는 이 두 행성의 조응도 볼 수 있지만 모두 후세의 주술사들이 덧붙인 것이다. 이와는 달리 전통적인 일곱 행성의

온라인에서 더 많은 상세한 조응표를 찾을 수 있다. 마법과 토속신앙, 오컬트에 대한 온라인 사전 위치피디아 (Witchipedia)는 훌륭한 자료이다.

조응은 거의 2,000년 넘게 쓰여왔다. 각 행성에는 고유한 유용성이 있어서 표의 '영향'의 열에 적혀 있다. 자신만의 주문을 만들거나 이 책에서 소개하는 주술의 힘을 강화하거나 개조하려면 자신의 소원과 가장 가까운 '영향'을 찾아 관련된 재료를 준비한다. 주술을 쓰는 데 가장 좋은 시기를 알아내려면 현재와 앞으로의 12성좌의 계절 외에 월상(및 달별자리)도 참고해야 한다.

여기서 소개하는 식물은 대부분 식용이지만 유향, 고사리삼속, 쿠프레수스속, 몇 종의 재스민은 먹을 수 없다. 아라비아 재스민(Jasminum sambac)은 식용이지만 그 외의 종에는 독이 있는 것이 있어서 재스민 전반(영춘화속)은 먹지 않는 편이 안전하다. 또 건드려도 해는 없지만 예컨대 깨 알레르기 등 알레르기가 있는 경우는 주의가 필요하다. 수성과 토성에 조응하는 금속(각각 수은과 납)은 독성이 매우 강해서 건드리는 것도, 섭취하는 것도 위험하므로 금속이 아니라 돌로 대용하자.

> "조응을 참고하면 자신만의 주문을 만들 수도 있다."

행성 Planet	식물&허브 Plants & herbs	색 Colours	금속&돌 Metal & stones	표상 Symbol	영향 Influences
태양	해바라기, 마리골드, 유향나무, 캐모마일	금색, 빨강, 오렌지, 노란색	금, 호박, 루비, 토파즈	☉	성공, 행운, 세기, 신뢰
달	고사리삼속, 재스민, 물냉이, 히비스커스	은색, 흰색, 회색	은, 문스톤, 진주	☾	사랑, 행운, 가호, 평화
수성	당근, 노간주나무, 히솝, 처빌	노란색, 오렌지, 리프그린	수은, 오팔, 마노	☿	행운, 점, 인도
금성	사과, 장미, 깨, 올리브	초록, 터콰이즈 블루	동, 에메랄드, 로즈쿼츠	♀	사랑, 행운, 미, 풍요
화성	쐐기풀, 겨자, 생강	빨강, 진한 오렌지	철, 루비, 가넷	♂	판단, 세기, 힘
목성	보리, 클라리세이지, 인동덩굴, 정향	파랑, 보라	주석, 사파이어, 자수정	♃	행운, 평화, 협력, 정화
토성	아스파라거스, 컴프리, 쿠프레수스속, 곡물	검정, 갈색	납, 호마노, 스모키쿼츠	♄	행운, 지혜, 힘, 성공

한 해의 바퀴
THE WHEEL OF THE YEAR

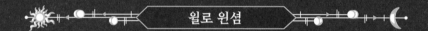

**"주술을 쓰는 시기는 중요하다.
한 해의 바퀴의 여덟 축제를 이해하면 매우 도움이 될 것이다."**

윌로 윈셤

한 해를 어둠에서 빛으로 끝없이 여행하며 돌고 도는 바퀴로 인식하는 개념은 다소의 차이는 있지만 많은 현대 이교 신앙에서 보이는 특징이다. 집단과 장소마다 차이는 있으나 보통 한 해의 바퀴에는 계절마다 여덟 축제가 있으며(넷일 경우도 있다), 우리를 둘러싼 세계의 자연 주기를 축복한다.

태양의 운행, 신들의 탄생, 죽음, 재생과 결부된 한 해의 바퀴는 하지, 동지, 춘분, 추분이라는 태양의 자연의 구분을 기초로 삼아 '오스타라', '리타', '메이본', '율'의 네 제사를 통해 '쿼터 데이'를 기념

> 적절한 주문과 타이밍을 선택하면 1년의 '타이드(조류, 축제일의 의미)'는 주술을 사용할 절호의 기회다.

한다. 하지와 동지는 태양이 각각 북반구, 남반구에서 가장 높은 위치에 올라, 하지에는 가장 낮이 길며, 동지에는 낮이 가장 짧아진다. 한편 그 이름이 가리키는 대로 춘분과 추분(equinox, 주야평분시)에서는 태양이 적도(equator)의 바로 위에 있다. 그 때문에 낮과 밤의 길이가 거의 같아져 봄과 가을이 찾아왔음을 알린다. 그리고 '이몰록', '발타너', '루너서', '서우인'의 네 축제는 각 계절의 중간점에 해당하며, '크로스 쿼터 데이'라고 불린다. 이들 여덟 축제는 과거로부터 면면히 이어져왔다는 주장도 있지만 역사적으로는 특별히 기념했던 것은 아니며, 옛날 사람

들은 우리가 현재 인식하는 것처럼 한 해의 주기를 인식하지 않았던 듯하다. 예컨대 켈트인은 크로스 쿼터 데이를 중시했으나 앵글로색슨은 쿼터 데이를 기념했다. 20세기 중반에는 로버트 그레이브스나 제럴드 가드너 등의 영향도 있어 이교도 공동체 사이에서 한 해의 바퀴와 각 축제가 전파됐다. 현재의 기념 방식은 옛날 사람들의 풍습과 전통에 뿌리내리고 있다. 지금도 옛날도 축제의 중심에는 공동체의 사바트와 축전이 있으며, 공동체 혹은 개인이 숭배 대상인 자연, 신들, 정령에게 공양하며 감사를 표한다. 혼자 있는 이교도라면 자신의 방식으로 홀로 사바트를 기릴 것이다. 적절한 주문만 선택하면 사바트는 주술을 쓰기에 절호의 기회다.

주연이나 축제와 함께 의식과 주문도 현대의 계절마다 축하 행사에 받아들여졌다.

> **"20세기 중반에는 이교도 공동체 사이에서 한 해의 바퀴와 각 축제가 전파됐다."**

현재 가장 널리 알려진 한 해의 바퀴의 축제의 명칭은 독일과 켈트의 언어에서 유래했다.

영국의 맨섬 사우스 바롤에 세워
진 홀리 킹 상. 한여름부터 겨울의
유엘 축제까지 1년의 절반의 어둠
의 힘을 상징한다.

이 계절의 주술
Suitable spells

빛의 회귀와 새로운 시작을 기리는 율(Yule)은 새
로운 프로젝트나 도전의 시작을 축복하는 주술을
걸거나 일신과 개선을 상징하는 행동을 실행하기에
이상적인 시기다(신년의 결의라는 널리 전파된 개념도 이 시
기의 힘을 이용한다). 율은 따뜻하며 자양이 풍부한 한
여름의 축제로, 자식을 비롯한 소중한 사람과 가족
의 가호를 바라는 주술에 알맞다. 태양의 회귀와 길
어지는 일조시간을 기리는 축제이기도 하기 때문에
행운과 번영을 바라기도 알맞다. 크리스마스 푸딩
안에 동전을 넣는 관습은 예로부터의 민간주술의
흔적으로 당첨된 사람에게 행운과 부를 가져와준다.
율의 시기에 특히 힘을 발휘하는 것이 양초 주술이
다. 거울을 사용한 빛에 관한 주술도 효과적이다.

율
YULE

"1년 중 가장 길고 어두운 밤, 태양이 회귀해 낮이 길어지기 시작하면 태양의 신들이 재생한다."

윌로 윈섬

겨우살이는 율과 연이 있는 식물이다. 고대 로마에서는 서사시 《아에네이스》에 적혀 있듯 명계를 방문하는 자를 지켰다

붉은 과일과 뾰족한 잎이 특징인 홀리 베리는 한 해의 어두운 절반에서 빛으로의 전환을 상징한다.

12월 21일 한겨울의 축제는 지금은 율이라는 이름으로 널리 알려져 있다. 율의 기원은 기독교보다 훨씬 이전의 신석기시대, 어쩌면 더 옛날의 시대로 거슬러 올라간다. 1년 중 북극이 태양에서 가장 멀리 위치하는 동지에 율의 축제가 열린다.

희망과 재생의 시기인 율을 기점으로 낮은 점점 길어지며 태양이 회귀한다. 축제의 중심은 어둠에서 나타나는 빛으로 태양의 죽음과 재생이 관련된다. 많은 사람들은 빛의 회귀를 부르는 오크 킹이 어두운 반년을 관장하는 홀리 킹으로 바뀐다고 믿는다.

율은 고대 로마에서 12월 17~23일에 기려진 사투르나리아 축제 등의 한겨울의 축제와 관련돼 있다. 후자는 다양한 한겨울의 축제의 선구자라고도 할 수 있는 축제이며, 사투르누스의 이름 아래 떠들썩한 대연회가 열렸다. 사회적 역전이 일어나는 축제로 널리 알려졌는데, 노예는 마음껏 가슴속을 털어냈고 주인의 초대를 받아 진수성찬을 대접받았다. 또 크리스마스와 흡사하며, 훗날 많은 이미지와 전통이 차용되어 기독교의 축제가 만들어졌다.

가장 일반적인 율의 전통 중 하나가 율 로그(이 축제 때 벽난로에 때는 큰 장작-역주)다. 연회가 한창일 때, 주위온 가지나 통나무를 집에 옮겨 꾸미고 난로에 넣은 뒤 증류주를 붓는다. 이를 위해 쟁여둔 작년의 율 로그를 사용하여 새 로그에 불을 붙인다. 불이 타오르는 동안 축제도 계속된다. 그 무엇도 낭비되지 않으며, 재까지도 들을 지키고 땅을 비옥하게 하는 데 쓰였다.

율의 축제에는 푸른 나무도 많이 쓰였으며, 상록수가 여기저기에 장식이나 표상으로 쓰인다.

신의 탄생과 회귀 등 한겨울의 축제의 많은 주제는 비슷하며 태양과 상징적으로 결부되어 있다.

"축제의 중심은 어둠에서 나타나는 빛."

이몰륵

IMBOLC

> "봄의 징후, 어두운 반년의 끝을 고하는
> 이몰륵의 축제에는 양초와 골풀이 쓰였으며,
> 여신 브리간티아가 나타난다."

월로 윈셤

이몰륵의 축제는 게일인이 기념한 사계절의 축제 중 하나로, 2월 1일에 봄이 왔음을 기린다. 봄은 희망, 불가사의, 열의를 상징하는 계절이다.

이몰륵은 더 훗날의 시대를 기원으로 삼는 축제와는 달리 늦어도 10세기에는 아일랜드 책력상에서 중요한 축제였다고 한다. 비슷한 많은 전통이 으레 그렇듯 이몰륵도 그 명칭의 기원은 확실하지 않다. 고대 아일랜드어로 '청정'을 의미하는 말에서 유래한다는 설, 이 시기에 임신하는 암염소를 가리키는 '뱃속'이 어원이라는 설이 있다.

원래 이교의 여신이자 훗날 기독교의 성인으로 여겨진 브리간티아(브리지다)는 이몰륵의 중요한 존재로, 다양한 관습이 있으나 사람들을 어두운 반년에서 밝은 봄으로 이끈다는 개념이 그녀의 역할의 핵심이다. 브리간티아는 깊이 숭배되어 소중한 손님으로서 집에 찾아와 여러모로 대접받고 환대받고 특별한 침대에서 자도록 기원된다. 이몰륵 전야, 브리간티아가 축복해주도록 사람들은 자잘한 것들을 집에 장식했다. 골풀과 갈대도 중요한 아이템으로, 아

> 이몰륵은 봉헌축일
> (캔들마스, Candlemas)과
> 관련이 있으며, 같은 시기에
> 기독교는 봉헌축일에서
> 모성과 빛을 기린다.

일랜드 북부에서는 집을 둘러싼 브리간티아를 상징하며, 바닥에 장식하거나 십자가로 짜거나 브리간티아를 위해 침대를 만드는 데 쓰이기도 했다. 갈대로 만들고 천이나 꽃으로 꾸며진 인형인 브리데오그는 브리간티아를 나타내며, 아일랜드와 스코틀랜드에서 친근한 존재였다. 행렬에서는 이 인형을 들고 집집을 돌며 선물이나 장식을 주고 음식을 대접하며 밤이 깊어지면 재운다.

불이 지닌 '청정'이라는 특성은 중요한 요소로 촛불을 이용해 1년의 걸음에 맞춘 태양의 회귀의 약속을 표현한다. 현대 이교도의 이몰륵의 축제에서 브리간티아는 중심적 존재로 게일 신화의 겨울의 노파 칼리아흐 베라(Cailleach Bheurra)와도 관련이 있다. 시간이 흐르면서 겨울이 끝나가는 이몰륵의 날, 칼리아흐 베라가 나무를 모아 불을 지핀다고 여겨지게 되었다. 이몰륵의 날이 맑으면 많은 나무를 모을 수 있기 때문에 겨울도 길어진다. 날씨가 안 좋으면 태울 나무가 적어 겨울의 끝도 가깝다는 뜻이 된다. 현대의 이몰륵을 기리는 방식은 다양하다.

이몰륵이 봄을 알리듯이 봄에 제일 먼저 피는 설강화 등의 꽃은 계절의 변천을 알린다.

> "불이 지닌 '청정'이라는 특성은
> 중요한 요소다."

최근의 이몰륵 축제에서는 그린맨과 잭 프로스트가 계절의 패권을 둘러싸고 싸우다 봄이 승리를 거둔다.

이 계절의 주술
Suitable spells

이몰룩은 겨울의 끝을 알리는 축제로, 설강화, 크로커스, 그 외 초봄의 구근식물이 꽃을 피운다. 실생활에서도 주술에서도 봄의 청정에는 절호의 타이밍이다. 이몰룩이 오랜 일을 일신하는 치유와 가호의 주술에 적합한 축제인 것은 이 때문이다. 율이 그랬듯 이몰룩도 빛의 제전에서(기독교에서는 같은 시기에 이몰룩과 비슷한 축제가 열린다) 양초 주술이 효과를 발휘하는 한편, 정화 작용을 하는 물과 대기의 원소에 바쳐진 주문과 의식의 힘도 강해진다. 에스러운 마녀의 빗자루도 등장하여 바람직하지 않은 에너지를 상징적으로 몰아내고 인간과 장소를 의식적으로 정화하고 봄을 준비한다.

존 던컨(John Duncan) 《성 브리지다》(부분) 1913년. 여신이기도 하며 성인이기도 한 브리간티아(브리지다)는 오래도록 이몰룩 축제의 중심을 담당했다. 현대에서도 이교도의 축제에서 핵심이 되는 여신이다.

이 계절의 주술
Suitable spells

봄의 축제인 오스타라는 어떤 의미로는 기독교의 부활제(이스터)에 해당하며 성장, 자연, 일신과 관련이 있다. 그러므로 운과 축복의 주술, 특히 금전운 상승과 중요한 프로젝트의 시작, 아이 갖기 주술을 쓰기에 이상적인 시기다. 낮과 밤의 길이가 같아지는 춘분에 해당하므로 마음과 몸의 안정을 바라는 치유주술 등 균형에 특화된 주술도 잘 맞는다. 식물과 꽃에 관계된 땅의 주술(예컨대 상징으로서의 씨 뿌리기)은 이 시기에 큰 효과를 발휘한다. 씨를 심고 나면 양분을 주는 것도 잊지 말자!

에오스트레와 눈토끼의 민화는 우크라이나의 채색된 달걀인 피산카와 관련이 있을지도 모른다.

오스타라
OSTARA

"현대에서 오스타라는 고대의 여신을 기리고 숭배하는
축제로 부활절의 기원이기도 하다.
달걀과 토끼, 교부(敎父, church fathers)와 춘분에는
어떤 관련이 있을까."

윌로 윈섬

오스타라는 봄의 축제다. 매년 3월 19일부터 22일까지 많은 사람들이 춘분을 기린다.

현대 이교도가 말하듯 새로운 출발, 새로운 생활, 풍요, 일신과 같은 폭넓은 주제를 커버하는 축제다. 낮과 밤의 길이가 같아지는 오스타라는 일조시간이 길고 밝은 계절로의 전환, 자연의 새로운 주기의 시작, 풍요와 신생을 약속하는 봄 처녀의 축하를 알린다. 현대의 오스타라에는 꽃, 달걀, 토끼가 밀접하게 연관되어 있다.

이 축제의 여신으로 널리 믿어지는 존재가 오스타라 혹은 에오스트레로, 현대 이교도의 축전에서도 중요한 역할을 맡고 있다. 오스타라의 최대 특징은 봄을 부르는 것으로, 고대의 여명의 여신이나 풍요의 여신의 기원이라고도 여겨졌다.

오스타라는 널리 알려진 여신이지만 그 기원은 어디에 있을까. 에오스트레에 관한 유일한 역사적 언급은 7~8세기의 교부 베다 베네라빌리스(Beda Venerabilis)가 기록한 문서에서 나온다. 그는 과거 게르만인이 4월을 가리키던 말인 에오스트레모나트(Eostremonat)를 언급하며 동명의 게

> 에오스트레는
> 인도유럽조어의 여명의 여신
> 하운스나 그 외의
> 봄이나 태양의 신들과 관련이
> 있다고 여겨진다.

르만 여신을 기리는 시기라고 주장한다. 19세기의 민속학자 야코프 그림은 이 개념을 더욱 부풀려 언급했다. 그는 게르만의 오스타라에 대해 처음으로 언급한 인물로, 이 여신을 둘러싼 '가장 오래된 사항'은 그의 저작에서 유래한다. 오스타라와 에오스트레에 관한 흔한 오해 중 하나로 여성호르몬, 에스트로겐의 어원이라는 설, 아시리아의 여신 이슈타르와 관련이 있다는 설을 들 수 있다. 토끼, 달걀은 과거의 축제에는 등장하지 않았으나 그림의 저작이 전파되면서 현대의 오스타라 축제에 포함되게 되었다.

베다 베네라빌리스가 무슨 목적으로 에오스트레를 생각해냈는지에 대해서는 현대에도 의논의 대상이지만 어쨌든 여신은 높은 인기를 자랑한다. 19세기의 이야기에 따르면 어느 해에 여신이 늦게 봄을 가져왔다. 그래서 아기 새가 숨을 거두고, 한 소녀가 매우 슬퍼했다. 여신은 아기 새를 눈토끼로 바꾸었고, 마법이 걸린 토끼는 무지갯빛 알을 낳아 소녀를 기쁘게 했다. 여신은 소녀에게 매년 눈토끼가 오기를 기다리라고 이야기했다. 눈토끼가 오면 봄이 찾아왔다는 말이었다.

현대에서 오스타라와 부활절의 여러 관련성은 19세기의 야코프 그림의 연구에서 유래한다.

매년 수백 명의 사람이 스톤헨지에 모여 춘분의 여명의 일출을 본다.

Image source: Thinkstock

발타너
BELTANE

"불꽃과 축연, 꽃과 가호의 의식 속에서
발타너의 축제는 기다려왔던
여름의 시작, 더운 계절의 시작을 알린다."

윌로 윈셤

발타너는 '메이데이'라고도 불리는 5월 1일에 기리는 절기다. 여름의 시작을 알리고 1년의 바퀴 중에서도 가장 중요하며 널리 기려졌다.

예나 지금이나 불과 발타너는 떼려야 뗄 수 없고, 몇 세기에 걸쳐 축제도 의식도 화톳불을 중심으로 치러져왔다. 10세기 아일랜드 문헌에 기록된 그런 의식 중에는 앞으로 몇 달간 보호를 받을 것이라는 믿음으로 소를 끌고 가 주술을 외며 불이 붙은 화톳불 주위를 돌거나 가로지르는 것도 있다. 화톳불 주위를 걷거나 그 위를 뛰어넘는 것은 길한 일로 여겨졌다. 현대의 발타너에서도 화톳불은 중요한 요소로, 그 위를 건너뛰면 행운이 찾아온다고 굳게 믿어지고 있다. 발타너의 축제에서 또 하나의 중요한 요소가 연회다. 풍요와 보람찬 여름을 바라며 정령과 신들에게 공물을 바친다.

켈트의 태양신 '빛나는' 벨레누스와 아버지 수호신 벨은 발타너와 관련이 있다고 하나 이러한 신들이 고대의 축제에 편입된 것을 가리키는 증거는 거의 발견되지 않는다. '발'은 '약간의 거리나 변화'를 의미하며, '타너'는 고대 아일랜드어로 '불'을 가리킨다는 지적도 있다.

발타너의 시기가 되면 창문과 문에 산사나무가 장식되는데, 이는 단순한 장식은 아니다. 이스시(아일랜드의 고대 사람들이자 초월한 존재)나 페어리를 달래야 하며, 집 안의 출입구에도 특별한 가호가 필요하다고 여겼다. 문 부분에 매달아둔 빵 반죽은 소의 먹이를 많이 거두기 위한 주술이다. 메이폴(꽃으로 장식된 여러 리본이 달린 기둥)의 춤, 메이 부시의 장식(마당이나 마을 중심에 선 산사나무를 장식하는 일), 메이퀸(5월의 여왕)의 대관 등 널리 알려진 전통 행사가 열리는 것도 발타너의 시기다. 이 계절에는 이 세계와의 베일이 얇아진다고 하며, 메이데이나 메이 이브(전야)에 관한 많은 미신과 관습이 남아 있다. 발타너의 아침 이슬에는 마력이 있어 얼굴을 씻으면 빛나듯 윤기가 생긴다고도 전해진다.

그러나 발타너의 인기는 점점 스러져, 20세기 중반 이후로는 널리 기려지는 일은 없어졌다. 지역에 따라서는 문화 부흥이 일어나 신구의 전통이 발타너의 축제에 편입되어 현대 이교도들이 이를 지키고 있다.

메이 이브는 영국의 수녀원장 성 발부르가(Saint Walburga)에서 따와 발푸르기스의 밤이라고도 불린다.

메이데이의 아침에 일찍 일어나면 아침 이슬의 마력을 손에 넣을 수 있다. 이 아침 이슬로 얼굴을 씻으면 생기가 넘치는 밝은 안색이 된다고 한다.

기후변화를 주제로 에든버러에서 열린 2019년 발타너에서는 현대 세계에 분노를 드러내는 메이퀸이 등장했다.

"현대의 발타너에서도
화톳불은 중요한 요소다."

가호와 청정의 작용이 있다는
것으로 알려진 불은 예나 지
금이나 발타너 축제의 중심
적 요소다.

이 계절의 주술
Suitable spells

발타너 혹은 메이 이브는 고대의 축제 중에서도
가장 관능적인 성격을 지니고 있어 사랑, 미, 유혹
의 주술을 쓰기에 이상적이다. 불의 축제이기 때문
에 양초 주술을 쓰는 경우도 있는데 강력한 효과
를 불러오는 것은 무엇보다 '벨파이어'라 불리는 성
화다. 안전하게 화톳불을 지필 수 있는 넓은 마당이
나 난로가 있으면 불이 에너지를 최대한으로 높여
줄 것이다. 메이폴에 관련된 리본 주술을 구사하여
주문을 읊으면서 형형색색의 리본을 짜는 것도 추천
한다. 발타너에서는 실내보다 되도록이면 옥외(특히
숲)로 나가자. 주술에 더 많은 에너지가 더해져 기세
가 늘어날 것이다.

리타
LITHA

**"한여름의 축제인 리타에서는
태양의 힘과 밤의 정복을 기리나,
그 뒤 도래할 어둠도 암시된다."**

— 벤 가주르 —

예로부터 하지는 1년의 중심으로 여겨져왔다. 6월 21일 혹은 22일, 북반구에서는 태양이 계절의 운행의 끝을 맞이하고 긴 낮과 짧은 밤이 정점에 이른다. 현대의 이교도에게 이날은 리타의 축제로, 암흑에 승리하는 빛을 나타낸다.

북유럽에서는 하지에 거대한 화톳불을 지피며, 그 불은 어두운 밤을 더욱 어둡게 한다. 불 위를 무사히 뛰어넘으면 이듬해는 무사하다고 여겼다. 먼 옛날 사람들은 태양을 상징하는 나무바퀴에 불을 지펴 언덕에서 호수로 굴려서 한여름을 기렸다. 이 행사는 1년 중 가장 긴 날이면서 겨울의 회귀를 알리는 하지의 이중성을 반영한 것으로 보인다. 이날을 기점으로 낮은 짧아진다. 기독교도는 한여름의 축제를 성 요한의 축일로서 기독교력에 포함했다(성요한은 예수 탄생 반 년 전에 태어났다고 한다).

리타의 축제는 고대 종교의 한여름의 숭배에서 현대의 이교로 변화했다. 전통적으로 이 시기에는 오크 킹의 힘이 최대가 되며, 형제인 홀리 킹의 힘이 가장 약해진다고 여겨졌다. 오크나무에 형형색색의 천을 엮어 오크 킹의 승리를 기리기도 한다. 풍요로운 여름을 기리는 리타의 축제에서는 벌꿀 등 자연의 맛을 즐긴다. 또 정화의 계절이기도 해서 앞으로 찾아올 위험을 물의 거친

> 한여름의 축제에서는
> 가장 길어진 낮을
> 기리는 한편,
> 앞으로 낮이 짧아지는 것도
> 의식되었다.

힘으로 물리칠 수도 있다.

리타를 기념하는 법은 다양한데 마력이 찬 날이라고 여겨졌기 때문에 주문과 의식도 다양하다. 낮에는 태양빛 아래 최대의 힘에 이른 허브를 캐고, 밤에는 불이 약령과 어둠을 물리쳐준다. 민간전승은 이 불 주위에서 치르는 다양한 의식을 전하고 있다. 돌멩이에 소원을 비는 것도 그중 하나로, 불 주위를 세 번 돌면서 손에 든 돌에 소원을 속삭이고 불에 던지면 소원이 이루어진다. 리타의 화톳불의 재는 차가워져도 힘이 있어 부적을 만드는 데 쓰였다.

한여름의 축제에는 불을 지펴 밤을 물리치고 태양의 세력을 더욱 넓혔다.

예로부터 사람들은 앞으로 찾아올 계절의 행운을 빌며 위험을 무릅쓰고 한여름의 화톳불을 뛰어넘었다.

이 계절의 주술
Suitable spells

리타는 사랑의 주술에 걸맞은 축제다. 타오르듯 정열적인 발타너와는 달리 리타는 로맨스의 새벽이다. 주술로 새 연인과의 관계를 돈독히 하거나 지금 연인과의 관계에 새로운 바람을 불어넣어보자. 또 정화와 순화의 주술에도 적합한 시기로, 나쁜 에너지나 마음의 짐을 쳐내고 축복을 바라는 데도 적합하다. 햇빛, 불, 냉수, 성장하는 꽃으로 이 시기의 주술에 에너지를 곁들이자.

하지는 '리타'라고도 불리며, 이교도는 이 시기에 스톤헨지 등의 고대 유적을 방문한다.

이 계절의 주술
Suitable spells

루너서(라마스)는 수확을 기리는 최초의 축제다. 풍요를 기원하기 때문에 이 시기는 축복과 행운의 주술에 최적으로 받아들여지며, 금전운 상승과 풍작을 기리게 되었다. 켈트 문화에서는 모성도 기리기 때문에 임신에 관한 치유주술도 효과를 발휘한다. 빵, 곡물, 햇과일을 사용해 주술에 축제의 풍요로운 에너지를 곁들이자. 괴로운 겨울은 장래의 계획을 세우기에 알맞은 시기이기도 하므로 점의 주술이나 타로 점 등의 활동에 도전해보는 것은 어떨까.

가브리엘 메추(Gabriël Metsu) 《뿔피리를 부는 제빵사》(부분) 1660~63년경. 햇밀로 만든 빵은 수확의 신들을 위해 성별돼 많은 의식에 쓰인다.

루너서
LUGHNASADH

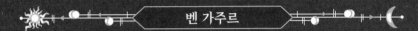

"세 수확제 중 최초인 루너서, 혹은 라마스의 중심에 있는 것은 그해에 처음으로 수확된 밀과 그것으로 만든 빵이다."

벤 가주르

루너서는 '라마스'라고도 불리며 여름과 가을의 중간에 위치하는, 이교도가 기리는 3대 수확제의 첫 축제다. 이 수확제 전은 햇곡식이 수확되는 8월 초순(남반구에서는 2월 초순)으로, 곡물의 성숙을 기다리는 식량감소기에 해당한다. 힘든 수확 작업을 마치면 풍요의 축제가 시작된다.

루너서의 어원은 아일랜드의 신 루 라바다로, 루는 아일랜드에서 농작을 할 수 있도록 토지를 정화한 양모 타르투를 위해 축제를 열었다고 한다. 작업을 마친 타르투는 지쳐 목숨을 잃었고, 루는 매년 수확 초기에 그녀의 노력을 기념하기로 했다. 루너서는 생명, 죽음, 수확, 씨 뿌리기는 모두 이어진 주기라는 것, 올해의 결실이 내년의 씨가 된다는 것을 보여준다. 라마스는 '로프마스(빵 덩어리)'를 어원으로 하며, 영국에서는 햇밀을 수확해 빵을 만드는 시기에 해당한다. 그해의 밀로 만든 첫 빵은 성스러운 것으로서 신에게 바쳐졌다. 앵글로색슨의 의식에서는 이 빵을 넷으로 나누어 헛간의 네 귀퉁이에 두고 남은 수확의 가호를 빌었다. 기독교의 의식에서도 중요한 축제였으며, 신부가 빵을 성스럽게 쓰기 위해 따로 골라 상징적인 의미를 더했다.

현재 위카를 비롯한 이교도는 라마스와 루너서를 다양한 방법으로 기린다. 한 해의 바퀴의 다른 사바트처럼 화톳불을 지피나, 이 시기의 불은 식물을 기르는 태양을 표현하며, 수확 시기에 날씨가 좋기를 바라고 감사를 바친다. 종종 신의 모습이나 밀다발의 모습을 본뜬 특별한 빵이 구워지며, 의식으로서 신을 먹음으로써 수확의 힘을 기도에 거둬들였다. 마지막으로 수확한 밀 줄기는 콘돌(여신을 상징하는 인형)로 만들었다.

라마스의 시기에 위력이 높아지는 의식은 그 외에도 있다. 1940년의 이날, 제럴드 가드너를 비롯한 주술사는 주술을 걸어 영국을 뒤덮는 '원추형의 힘'을 제거하고 나치의 침공을 막으려 했다. 그러나 주술사들의 집회가 매번 이런 고매한 목적으로 열리지는 않으며, 대개는 라마스의 시기에 모여 춤추고 노래하고 만찬을 즐기며 풍요로운 새해를 환영한다.

"1940년의 이날, 제럴드 가드너를 비롯한 주술사들은 주술을 걸어 나치의 침공을 막으려 했다."

루너서는 여신 타르투를 기념하는 축제다.

만물은 인간의 중노동을 통해 얻은 어머니 자연의 은혜를 상징한다.

메이본
MABON

> "추분, 밤의 길이는 낮을 넘고 사람들은 앞으로
> 기다리는 어두운 계절을 대비하는 데 쫓긴다."

벤 가주르

낮과 밤의 길이가 같아지는 추분은 전환의 시기다. 메이본을 기점으로 밤이 길어지고 계절은 겨울을 향해간다. 하지만 자연의 풍요는 이어지며, 이교도력에서는 제2수확기를 기린다. 수확이 거의 끝나는 추분은 변화의 시기로, 농업 노동자는 계약을 마치고 새 일을 찾으러 나선다. 1년의 남은 전개는 이 특별한 시기의 운에 달려 있다. 낮에만 일할 수 있었던 우리 선조들에게 추분은 1년의 열쇠가 되는 시기였다. 일조시간이 짧아지면서 혹독한 겨울을 대비해 식량을 저축해두기 위한 시간도 짧아진다. 많은 문화에서는 추분이 특별한 의미를 지니며, 이 시기의 태양의 상승에 맞춰 만들어진 유적이 각지에 남아 있다. 현대 이교도는 이러한 곳에 모여 기도한다. 이교도로서 계절의 변천과 함께 짧아져가는 일조시간을 바꿀 수는 없으나, 풍요를 기리고 봄의 풍요를 바라며 기도를 바쳐 의식을 통해 계절마다 태양의 작용과 성장, 대지에 대한 감사를 표현한다.

고대 로마·그리스의 이교도는 추분을 데메테르와 페르세포네의 이야기와 겹쳐보았다(로마에서는 케레스와 프로세르피나). 데메테르는 자연계를 관장하는 풍요의 여신으로, 페르세포네의 어머니다. 페르세포네가 명계의 신 하데스에게 납치당한 탓에 데메테르가 슬픔에 빠져 모든 산 것이 성장을 멈추고 겨울이 도래했다. 그래서 페르세포네는 대지를 구하기 위해 반년을 하데스와 지내고 반년을 어머니와 지내기로 정했다. 페르세포네가 산 자의 세계에 있을 때는 데메테르는 만족해 여름이 승리하나, 추분이 되면 페르세포네는 명계로 떠난다.

일부 이교도는 추분을 '메이본'이라 부르며 인생의 섬세한 밸런스에 대해 생각한다. 혹은 포도의 숙성을 기리고 몸과 마음을 해방하는 포도주의 힘을 기리는 이교도도 있다. 미래를 알고 싶으면 사과를 수평하게 썰어보면 좋다. 오망성의 형태로 놓인 씨와 이를 둘러싼 과육이 상징이 되어 운을 알려줄 것이다. 추분과 가장 가까운 보름달은 '하베스트 문(수확의 달)'이라고 불리며, 특히 강력하다고 여겨진다.

> '메이본'은 웨일즈의 대지의 여신의 아들, 전설의 아서 왕의 기사에서 유래한다.

추분에서는 낮과 밤이 각각 12시간 이어지며, 태양이 정동쪽에서 떠 서쪽으로 진다.

> "1년의 남은 전개는
> 이 특별한 시기의 운에 달려 있다."

이 계절의 주술
Suitable spells

추분은 어둠이 돌아와 밤이 길어지기 시작하는 때다. 그러나 흑마술을 쓰지는 않는다. 어둠의 회귀를 긍정적으로 바라는 주술로는 잠과 휴식을 동반한 치유의 기도, 집과 가축을 위한 따뜻한 가호의 기도를 들 수 있다. 메이본은 조용한 밤의 정적과 안정감을 부르기에 절호의 시기다. 제2수확제에도 해당하므로 빵을 만들거나 곡물과 계절의 과일을 가공하기에 적합하다. 소원을 빌기에도 좋은 시기다.

메이본은 최고의 수확기이며, 사람들은 밭의 풍요를 누린다.

추분은 고대로부터 특별한 날로 여겨져 현대의 이교도도 영적인 힘을 담은 유적에서 이날을 기린다.

서우윈

SAMHAIN

**"서우윈은 할로윈으로 널리 대체되었으나
지금도 이교도의 달력에서는 가장 중요한 축제다."**

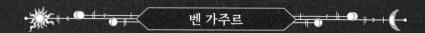

벤 가주르

이교도는 서우윈에서
죽은 자를 생각하며
삶과 죽음을 기린다.

10월 31일 서우윈은 이교도의 3대 수확제의 마지막에 해당하며, 겨울이 본격적으로 도래하는 죽은 자의 날로 여겨진다. 신석기시대의 무덤 중에는 서우윈의 날에 태양이 안을 비추도록 설계된 것도 있다. 기독교에서 11월 1일에 기리는 만성절은 죽은 자의 제삿날로, 교회의 종소리는 저세상으로 떠난 사람들의 혼을 달랜다고 여겨진다. 아일랜드 문헌의 초기 묘사는 서우윈을 농사나 전쟁의 끝으로 자리매김하고, 가족이나 부족이 모여 겨울을 살아남는 시기로 여긴다. 추운 밤이라면 음료와 이야기를 즐기는 시간은 잔뜩 있다. 하지만 서우윈 자체는 요정이 경계를 열고 죽은 자가 명계에서 돌아오는 위험한 시기다. 소 등의 가축을 잡고 겨울을 위해 보존 처리하는 계절이기도 하기 때문에 희생과 관련되었다고 짐작된다.

서우윈 날, 사람들이 밭일을 하는 동안 난롯불은 모두 타서 꺼진다. 밤이 되어 화톳불을 지피면 악령은 물러난다. 사람들은 이 불을 가져가 집의 난로에 옮겼다. 큰 화톳불의 연기는 가호의 작용을 한다. 때로는 두 불이 타올라 마을 사람과 가축이 그 사이를 지났다.

지금도 서우윈에는 화톳불을 지핀다. 에든버러 등 대도시에서는 대행진을 하며, 드럼과 음악 소리가 울리는 가운데 사람들이 횃불을 들고 동네를 걷는다. 전통적으로 서우윈의 축제에서는 차려입거나 변장을 하고, 남자아이들은 집집마다 돌며 나무를 모아 공동체의 불로 태웠다. 축제를 즐기는 사람들이 순무나 근대 뿌리를 잘라 랜턴으로 만들어 밤길을 비췄다는 이야기를 들으면, 서우윈이 훗날의 할로윈에 영향을 주었다는 것도 납득이 갈 것이다. 현재 서우윈은 왕성하게 기려진다.

현대 이교도에게 서우윈은 죽은 자를 생각하는 때이며 축제이기도 하다. 만찬을 차려 죽은 자를 대접하거나 소울 케이크라 불리는 과자를 만들어 운이 없는 사람에게 주거나 신생아를 공동체에 소개하는 시기이기도 하다. 그해의 일에 대해 곰곰이 생각하고 이듬해에 대한 희망을 생각하기에도 적절한 계절이다.

서우윈은 산 자, 죽은 자, 요정의 영역의 경계가 흐려지는 애매한 시기다. 많은 무덤이 서우윈의 태양의 움직임에 맞추어 설계되었다.

Image source: Getty

예로부터 서우윈에는 불과 화려한 연출이 따라와 고대 이교도들은 동물이나 정령의 차림을 했다.

이 계절의 주술
Suitable spells

    서우원 혹은 할로윈은 이승과 저승의 경계가 가장 애매해지는 시기다. 점에도 약간 에너지를 곁들이기에 절호의 시기다. 고대 켈트의 신년에 해당하기 때문에 오랜 병이나 지병으로 괴로워하는 사람에게는 치유의 주술, 에너지나 비축을 쌓고 싶은 사람에게는 축복의 주술 등 쇄신의 주술에도 적합하다. 특히 양초 주술이나 그 외의 불을 이용한 주술 등 행운을 바라는 주술이 효과를 발휘한다. 전통적으로 난롯불은 1년에 두 번 완전히 꺼진 뒤 다시 지펴졌다. 서우원은 그 시기 중 하나에 해당한다(다른 하나는 빌타너).

서우원 때는
이승과 저승의 경계가
흔들린다고 여겨졌다.

Practise

실천

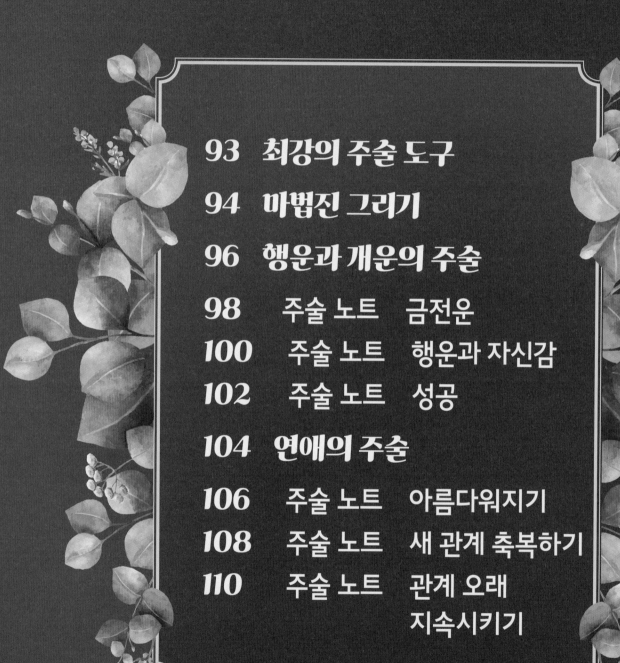

92

94

주술 노트 사용법
Casting Spells

여기서부터는 스스로 적는 주술 노트를 삽입하여
실천할 수 있는 주술을 소개한다. 날짜와 시기는
주술을 쓸 때의 중요한 요소다. 요일과 날씨, 월상
외에 한 해의 바퀴의 어느 축제와 가까운지, 태양은
어느 별자리에 위치했는지 등 다양한 요소가 어떻게
영향을 주는지에 주목하면서 결과나 깨달은
것을 적어나가자. 메모하면서 주술을 여러 번
반복하다 보면 법칙을 발견할 수 있게 되어
주술을 마스터할 수 있을 것이다.

존 윌리엄 워터하우스 《오디세우스에게 잔을 건네는 키르케》(부분) 1891년. 마술을 관장하는 여신 키르케는 마법 지팡이를 들고 있다.

'아세이미'는 강력한 주술 도구다. 마법진을 사용한 주술을 쓰거나 정령을 다룰 때 에너지를 좌우한다.

최강의 주술 도구

WITCHCRAFT'S MOST MAGICAL TOOLS

**"주술에 필요한 것은 소금, 물, 몇 자루 양초뿐이다.
하지만 최강의 주술 도구를 구비하는 주술사도 있다."**

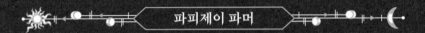

파피제이 파머

해리 포터가 호그와트에서 벌이는 모험은 황당무계해 보일지도 모르지만 커리큘럼은 현실과 동떨어져 있지는 않다. 합격 통지와 함께 보내진 학용품 리스트에는 가마솥, 교과서, 장의, 지팡이 등이 있는데 실제로 마녀와 주술사들이 사용하는 도구와 매우 가깝다. 소금, 물, 양초밖에 쓰지 않는 마녀도 있는 한편, 주술 도구를 모으는 마녀도 있다. 사람에 따라 어느 도구가 유용한지 다르므로 직접 시험해보면서 자신에게 무엇이 맞는지를 확인하자.

위카에는 손으로 주술을 거는 마녀, 지팡이를 쓰는 마녀의 두 종류가 있다. 지팡이의 재질은 따지지 않으나 일반적으로 나무, 금속, 돌을 사용하며 원석이나 크리스털이 박혀 있는 것도 있다. 가드너파 위카에서 지팡이는 대기를 상징하지만 불에 비유하는 일파도 있다.

위카의 의식에서는 '아세이미'라 불리는 검이나 단검이 주로 쓰인다. 이것은 강력한 아이템으로 마법진 안에서 마법을 걸거나 정령을 다루거나 의식을 치를 때 에너지를 좌우한다. 대개 칼자루가 검고 테베 문자가 새겨져 있다. 가드너파 위카의 제창자 제럴드 가드너는 저서 『어둠의 서(Book of Shadows)』에서 아세이미에 대해 '진정한 마녀의 무기'라고 서술하고 있는데, 저명한 위칸(위카의 신자)인 프레데릭 라몬드는 위카에게는 무기 따위는 전혀 필요 없다고 주장하며 그

> 당신에게 적합한 도구를 찾아라. 모든 사람이 지팡이나 의식용 칼을 사용하는 것을 좋아하는 것은 아니며, 편안함을 느끼는 것이 더 중요하다

의 말을 비판했다.

동화에 나오는 마녀는 대개 가마솥을 가지고 있는데 실제 마녀도 마찬가지다. 위카에서 가마솥은 여신의 자궁을 의미하며, 향을 피우고 오일 등의 액체를 조합하고 두꺼운 양초를 넣는다. 마녀는 가마솥에 불을 지피고 이 위를 뛰어넘으며 풍요의 의식을 치르거나 약혼의 의식을 매듭짓고는 한다. 물을 넣어 '스크라잉'을 사용하는 경우도 많다. 스크라잉이란 매개물을 관찰해 메시지나 비전을 읽어내는 예언이나 계시 같은 주술이다.

주술이라 하면 오망성의 표상을 떠올리는 사람도 많을 것이다. 오망성은 위카의 보석에 장식되는 경우가 많으며, 제단의 성별에 쓰이는 도구 '펜타클' 혹은 '파테나(둥근 그릇)'에 새겨지는 경우도 있다. 펜타클은 강령에서 대지의 원소를 상징함과 동시에 아이템을 축복하는 표상이기도 하며, 그 위에 놓인 온갖 것에 마법적 에너지를 준다.

마법진 그리기
CASTING A CIRCLE

> "많은 주술사는 주술을 쓰기 전에
> 마법진이라 불리는 성스러운 공간을 만들어 자신을 지킨다."

파피제이 파머

많은 책과 영화에서 소매를 걷어붙이고 지팡이를 한번 휘둘러 마법을 거는 마녀가 등장한다. 하지만 마법을 쓰려면 주도면밀한 준비가 필요하다. 많은 마녀나 의식주술사는 우선 자기 주위에 원을 그려 마법적 공간을 만든다. 마법진 안의 에너지는 성스러운 공간을 만들어 마법적 보호를 준다고 믿어진다. 마법진은 일상의 세계에서 단절된 이동 가능한 신전이며, 마법적 사건이 쉽게 일어나는 자리다.

먼 옛날, 주술이나 이교를 신앙하는 자들 사이에서는 마법진은 주문을 읊는 자와 그들이 부르려 하는 자 사이에 보호벽을 만든다고 여겨졌다. 현대의 주술사는 주로 의식의 공간에 생성되는 에너지를 담고 집중시키기 위해 원을 그린다.

마법진을 그리는 방법은 여러 가지가 있으며, 주술사 그룹마다 독자적인 방법이 있다. 중요한 점은 주술을 걸기 전에 필요한 것을 모두 원 안에 갖추는 것으로, 보호벽을 지나가버리면('보호벽 파괴'라고 한다) 마법진의 힘이 약해지거나 무너질 위험이 있다. 마녀와 주술사 중에는 물리적인 원을 선호하는 사람도 있다. 이 경우는 소금, 물, 분필, 끈, 양초가 흔히 쓰인다. 그리모어나 주술 안내서에는 정밀한 원의 패턴이 구체적으로 소개되어 있지만, 아무런 장식도 없는 간소한 원을 쓰거나 그저 머릿속에 원을 떠올리기만 하는 주술사도 있다.

어떤 원이든 원둘레에는 반드시 등거리로 네 개의 점이 그려져 있어 사상의 수를 나타낸다. 예컨대 사방(동서남북), 4대 원소(땅, 대기, 물, 불), 계절의

달력, 물리적으로 원을 그릴 경우 색이 있는 양초로 네 점이 표시된다.

원을 그리는 데 필요한 도구는 이것이 전부지만 지팡이, 검 등 다양한 것을 사용하는 주술사가 많다. 방위자석(요즘은 앱)이 있으면 원을 그릴 때 북쪽 방향을 알아낼 수 있어 편리하다. 원을

그린 뒤 나가야만 할 경우 뭐든 상관없으니 원을 그렸을 때 사용한 것으로 원에 흠을 내어 문을 그린다(보통은 동쪽 방향에). 원에서 나가면 선을 이어 원을 닫는다. 의식을 끝낸 뒤에는 반드시 원을 무너뜨리고 쓸어낼 것.

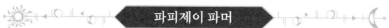

요한 푸슬리(Johann Heinrich Fussli) 《마녀의 장면(Scene of Witches)》(부분) 1785년. 마녀가 마법진 안에서 마법을 걸고 있다.

원은 북쪽에서 시계 방향(태양과 같은 방향)으로 그리며, 반시계 방향(태양의 진로와 반대 방향)으로 지운다.

"마법진은 이동 가능한 신전이며,
마법적인 사건이 쉽게 일어나는 곳이다."

얀 반 데 벨데(Jan van de Velde) 《마녀(나이트피스)》 1626년. 이 그림처럼 마법진은 바닥에 그려지는 경우가 많다.

존 윌리엄 워터하우스 《마법진》(부분). 1886년. 마법진을 그려 성스러운 공간을 만드는 마녀.

행운과 개운의 주술
SPELLS FOR LUCK AND FORTUNE

"누구나 성공을 바라며, 주술사는 태곳적부터 막대한 노력을 쏟아왔다. 하지만 그것은 황금을 바란다는 단순한 이야기가 아니다."

⬥ 에이프릴 매든 ⬥

부자가 되는 데 주술은 유용할까. 예로부터 많은 주술사에게는 재물이야말로 궁극의 목적이었다. 연금술사들은 비금속을 귀금속으로 바꾸는 가능성에 매료되어 비금속, 돌, 유리를 금, 은, 보석처럼 만드는 방법을 알았다(그들은 기술의 대가로 많은 보수를 요구했으나 그 훌륭함에도 불구하고 단순한 모조보석으로밖에 취급되지 않았다). 금전운의 주술이 통했는지는 운에 크게 좌우된다.

주술을 건다면 부자로 만들어달라고 빌기보다 행운과 개운을 바라는 편이 이치에 합당하다. 물질에 사로잡히지 않는 사고방식을 가져보자. 주문은 기도와 비슷해서 우리가 바라는 것은 우리와 마음 깊은 곳과 우주를 향한 의지를 비추고 있다. "무지개의 기슭에 황금이 있기를"이라고 빌 수는 있을 것이다. 어쩌면 정말 발견할 수 있을지도 모른다. 하지만 당신은 정말 그 황금에 걸맞을까. 아마 '아니다'일 것이다. 적어도 주술을 통해 바로 돈을 바라는 사람이 그것을 가지기 합당할지는 의심스럽다. 무엇보다 그것으로 당신이 정말 행복할까.

돈보다 행운이 더 당신이나 사랑하는 사람, 주위 사람을 행복하게 해줄 것이다. 행운이란 단순한 부보다 더 넓고 풍부한 개념이다. 운에는 다양한 측면이 있다. '금전운을 바라는 것'과 '현금의 산을 바라는 것'은 다르다. 전자는 무기질적인 현금을 바라는 것이 아니라 더 온기가 있으며 안락을 가져와주는 데다 당당하게 부를 바라는 것을 의미한다. 애초에 운은 경제적인 부보다 더 스케일이 크다. 시험이나 구직 활동에서 행운과 개운을 바라는 것은 희망하는 공부나 일에 착수할 준비가 되어 있다는 것을 의미하며, 자신이 바라는 카르마의 힘이 담길 바탕을 다질 수 있다. "전반적으로 아주 살짝 운이 상승하기를"이라고 비는 것은 생각지도 못하게 호박이 굴러오거나 소나기를 피하는 것까지, '운이 좋네!'라고 느끼는 일 전체를 커버한다.

위카의 관점에서는 자신을 위해, 자신이 아는 누군가를 위해, 그리고 세계를 위해 주술을 쓰는 것이 최고다. 보상을 기대하기 전에 주어 자신의 가치와 선의를 표현하자. 특히 '성공'이나 '개운'을 위한 주술이 이에 해당한다. 그야말로 '자신의 운은 자신이 개척한다'라는 말 그대로다.

> '보름달', '발타너', '한여름'은 성공과 개운을 바라기에 가장 알맞은 시기다.

"주술을 건다면 부자가 되게 해달라고 빌기보다 행운과 개운을 바라는 편이 이치에 합당하다."

서아프리카의 여신 마미와타는 신자를 샤먼의 여행으로 인도해 수중의 별세계로 데려간다고 믿어진다. 끌려간 자는 더 큰 행운을 지녀 운이 뚫린다.

페테르 파울 루벤스(Peter Paul Rubens) 《풍요》(부분) 1630년경. 아분단티아는 로마 신화의 번영, 풍요, 행운의 여신이다. 미트라교에서는 풍요의 뿔을 지닌 모습으로 그려지기도 한다.

금전운

Spell for... Increasing wealth

"그린(녹색)은 성공을 부르는 데 무척 효과적이다.
녹색 옷을 입고 녹색 양초를 피우고 녹색 크리스털을 사용하자."

페그 알로이

준비할 것

제단(또는 탁자) 한 대

양초(녹색) 한 자루

동전 세 닢

자루 하나

계피 적당량

월계수 잎 적당량

주술 거는 법

부는 많은 사람들의 꿈이다. 하지만 이 주술의 목적은 안정을 확보하기 위한 금전운 상승이다. 돈은 때로는 스트레스나 수치심을 일으키지만 이 주술은 그런 감정에도 대응한다. 주술을 시작하기 전에 준비할 것을 전부 갖춰두자.

양초를 제단 위에 두고 불을 피운다. "성공으로 가는 길을 비춰주소서"라고 주문을 외우며 동전 한 닢을 불에 스치게 한다. 남은 동전도 똑같이 한 뒤 자루에 넣고, 계피와 월계수 잎을 넣은 뒤 입구를 잘 닫는다. 자루에 세 번 입을 맞추고 매번 "나에게는 필요한 것이 모두 있다"라고 읊는다. 이것을 제단이나 안전한 곳에 두고 매일 인생의 풍요로운 은혜에 대해 명상하자. 아무쪼록 화상을 입지 않도록 주의하자.

"Light my way to prosperity"

"성공으로 가는 길을 비춰주소서."

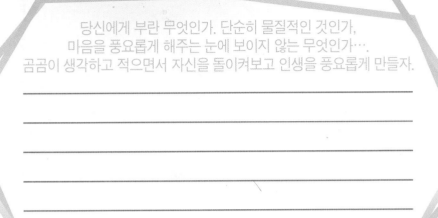

당신에게 부란 무엇인가. 단순히 물질적인 것인가,
마음을 풍요롭게 해주는 눈에 보이지 않는 무엇인가…
곰곰이 생각하고 적으면서 자신을 돌이켜보고 인생을 풍요롭게 만들자.

_____

_____

_____

_____

_____

옆쪽의 주술을 여러 번 반복하면서 그날의 감정이나 느낀 것, 결과를 기록하자.

Table symbols:

일주일	Day of the week
시간	Time
월상	Moon phase
별자리	Zodiac season
날씨	Weather
기록	Notes

행운과 자신감

Spell for... Luck and confidence

"그린 어벤추린이나 마카라이트, 토르마린 등의 녹색 돌은
운과 성공의 주술에 유용하다."

페그 알로이

준비할 것

작은 돌* 하나

*추천은 마카라이트, 래브라도라이트,
그린 어벤추린

주술 거는 법

'좋은 일이 일어날 것'이라는 확신은 많은 운 좋은 사람이 공통으로 지닌 특성이다. 영화 《사운드 오브 뮤직》에서도 여배우 줄리 앤드루스가 "자신감을 가져"라고 노래한다. 취직 면접, 오디션, 승진, 시험 등에서 행운을 불러오려면 안에서든 바깥에서든 빛을 내뿜는 것이 중요하다. 자신감의 근거 중 하나가 되는 것이 예습 등의 주도면밀한 준비다.

이 주술은 부적을 만들어 지니고 다니는 것뿐이다. 필요한 것은 작은 돌뿐. 어떤 돌이든 좋지만 마카라이트, 래브라도라이트, 그린 어벤추린이라면 효과가 크다. 면접이나 시험 사흘 전부터 밤낮으로 돌에 대고 "나에게는 성공하기 위한 기술도 자신감도 있다. 준비도 자신감도 충분하다"라고 주문을 읊는다. 당일에는 돌을 주머니에 넣고 회장으로 가자.

*"I have the skills and confidence to succeed.
I am prepared, and confident"*

"나에게는 성공하기 위한 기술도 자신감도 있다.
준비도 자신감도 충분하다."

당신에게 행운과 자신감을 주는 것은 무엇인가.
그것은 물건인가, 사람인가, 혹은 다른 무엇인가를 생각하고 적어보자.
몸에 지니고 가지고 다닐 수 있는 것이 있다면 행운의 부적으로 쓰자.
한 걸음 내딛을 용기와 행복을 가져다줄 것이다.

_____

_____

_____

_____

_____

옆쪽의 주술을 여러 번 반복하면서 그날의 감정이나 느낀 것, 결과를 기록하자.

Table symbols:

일주일	Day of the week
시간	Time
월상	Moon phase
별자리	Zodiac season
날씨	Weather
기록	Notes

☀				
⏰				
🌙				
✦				
☁				
🪶				

성공

Spell for... Success in life

"허브, 희망, 빛, 셀프케어가
도움을 주어 운과 성공을 끌어들인다."

페그 알로이

준비할 것

제단(혹은 탁자) 한 대

세븐 데이즈 캔들(녹색)* 한 자루

바질, 민트, 계피, 정향, 생강,
겨자씨, 캐모마일 중
세 종류 각 적당량

작은 그릇 하나

*7일에 걸쳐 태우는 양초

주술 거는 법

세븐 데이즈 캔들을 제단 위에 둔다.
그릇에 세 종류의 허브를 넣고 섞는다.
양초에 불을 붙이고 그릇에 손가락을 넣
고 눈을 감은 채, 책상에서 일어나 공부
를 하는 자신, 거리를 걷는 자신, 일터나
학교로 갈 준비를 하는 자신 등 일상 속
자신의 모습을 떠올린다. 매일 좋은 일이
일어난다고 상상하면서 자기 주위에 녹색

빛이 반짝이며 몸을 적시는 이미지를 떠
올린다. 양손을 비비며 손가락에 묻은 향
을 맡는다. 이것을 7일 동안 반복한다.
양초를 한 시간 켜둔 채 성공과 새로
운 기회에 맞서 열린 자신의 모습을 떠올
리자.

*"Visualise your body bathed in green sparkling
light that radiates to your surroundings"*

"자기 주위에 녹색 빛이 반짝이며,
몸을 적시는 상상을 한다."

당신은 인생에서 무엇을 이루고 싶다고 생각하는가.
눈을 감고 조용히 생각해보자. 떠올린 당신은 어떤 모습일까.
미래의 당신의 모습을 글로 적어보자.

_____

_____

_____

_____

_____

옆쪽의 주술을 여러 번 반복하면서 그날의 감정이나 느낀 것, 결과를 기록하자.

Table symbols:

일주일	Day of the week
시간	Time
월상	Moon phase
별자리	Zodiac season
날씨	Weather
기록	Notes

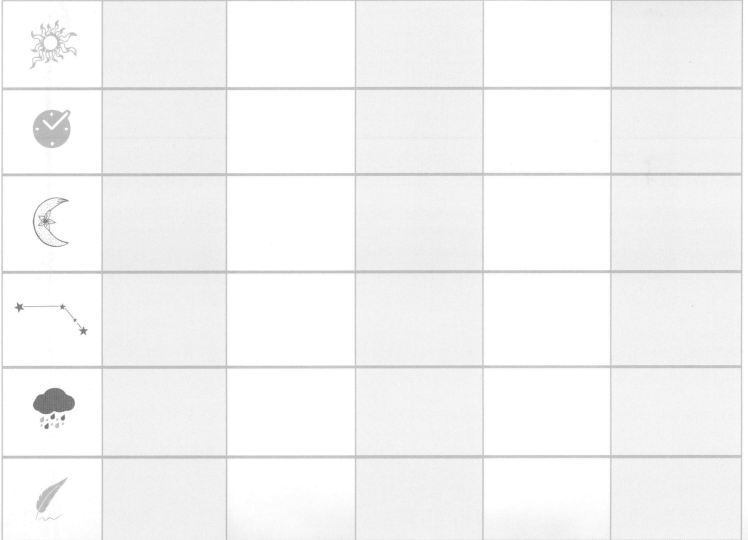

연애의 주술
SPELLS FOR LOVE

> ### "연애주술은 무척이나 매력적인 주술이지만 올바른 생각으로 써야 한다."

에이프릴 매든

영화 《프랙티컬 매직》에는 두 마녀 자매의 지도 아래 한 여성이 주술에 도전한다. 자매 중 한쪽은 불만이지만 다른 한 명은 "얌전히 돈만 받으면 된다"고 어른다. 이 잔혹한 장면에서는 여성이 비둘기의 가슴에 바늘을 꽂고 "그가 이성을 잃을 만큼 나를 좋아하게 되기를"이라고 외쳤다. 왜 이렇게 무시무시한 의식을 치르는 것일까. 그것은 이것이 흑마술이기 때문이다. 자신을 사랑해주지 않는 사람을 돌아보게 만들 도덕적인 방법은 없다. 해냈다 하더라도 왜 그런 짓을 할 필요가 있을까. 강요된 사랑은 진정한 사랑이 아니다. 그렇기 때문에 사랑의 주술은 찬반이 나뉜다.

하지만 마음을 열고 선의를 가지고 올바르게 쓰면 최고로 온화하고 아름다운 주술이 실현될 것이다. 연애주술에는 로즈쿼츠 등의 예쁜 크리스털이나 아기자기한 양초, 매혹적인 향이나 달콤한 향의 허브, 과일, 꽃을 쓰는 경우가 많다. 명심해둬야 할 것은 연애주술은 결코 상대를 조종하거나 소유하는 것이 아니

라 매료하고 애정을 키우는 것이 목적이라는 점이다.

새 파트너를 찾고 있다면 자신을 매력적으로 보이기 위해 주술을 쓰는 것도 괜찮다. 이 경우의 주술은 다른 사람을 제치고 자신만을 돋보이게 하는 것이 목적이 아니다. 최음 효과가 있는 미약을 조합해 오래 사귄 파트너와 밤을 즐기는 것도 괜찮을 것이다(단 상대가 동의하면서, 먹어도 안전한 재료를 쓰는 것이 조건이다). 하지만 막 알게 된 사람을 이 미약으로 유혹하거나 같이 써서는 안 된다. 하물며 상대에게 미약의 재료를 알려주지 않은 채 쓰는 것은 말할 필요도 없다. 독신인 사람이 새 연인을 우주에 바라는 것도 괜찮지만, 언제까지고 보답받지 못하는 짝사랑 상대의 마음을 바라거나, 유명인이나 지인과 사귀고 싶다고 바라는 것은 관두는 편이 좋다. 주술이 통하지 않으면 다행이지만 주술이 통해버리면 최악이다. 상대가 정말 자연스럽게 자신을 좋아하게 되었는지 의심 암귀에 빠져버릴지도 모른다.

> 연애주술을 하기엔 금요일이 최고다. 금요일은 비너스 등 세계 각지의 신화에 등장하는 사랑과 미의 여신을 위한 특별한 요일이다.

> ### "자신을 사랑해주지 않는 사람을 돌아보게 할 도덕적인 방법은 없다."

윌리엄 블레이크 리치먼드(William Blake Richmond) 〈비너스와 안키세스〉(부분) 1889~1890년. 비너스는 성적인 유혹부터 로맨스까지, 여러 연애를 관장하는 여신의 대표 격이다.

아름다워지기

Spell for... Walking in beauty

"자신에 대한 애정을 표현할 수 있도록
미의 여신에게 빌어 매력을 올리자."

페그 알로이

준비할 것

제단(또는 탁자) 한 대

양초(흰 색) 세 자루

유리제 캔들홀더 세 개

정사각형 색종이
(분홍색, 연두색, 하늘색 중 하나) 한 장

스카프 한 장

주술 거는 법

여신 비너스(아프로디테)는 미, 유혹 등 사랑에 관한 다양한 일들과 관련이 있다. 여기서 소개하는 주술은 자신에 대한 애정을 표현하기 위한 것이기 때문에 젠더나 상대와의 관계와 상관없이 누구나 사용할 수 있다.

이 주술은 금요일에 시작하는 편이 좋다. 정사각형 색종이를 제단에 깔고, 위에 각각 양초를 넣은 캔들홀더를 놓는다. 양초에 불을 붙이고 스카프를 어깨에 두른

다. 양초 주위를 세 번 돌면서 "나는 사랑과 아름다움 속을 걷는다. 나는 사랑과 여신을 끌어들인다"라고 주문을 읊고, 일상적으로 눈에 띄는 곳에 스카프를 건다. 7일 동안 이를 반복한다. 양초를 쳐다보면 주위나 자신의 안에 있는 사랑을 깨달을 것이다. 자신을 상냥하게 다독이거나, 자신에 대한 애정을 느끼고 싶어지면 언제든지 하자.

"I walk in love and beauty.
I attract love and goodness"

"나는 사랑과 아름다움 속을 걷는다.
나는 사랑과 여신을 끌어들인다."

당신이 아름답다고 느끼는 것은 무엇인가.
그것은 이상의 인물, 혹은 기분 좋다고 느끼는 향이나 색, 말이나
발상일지도 모른다. 마음을 세계를 향해 크게 해방하고 적어보자.
자신을 아름답게 갈고닦아줄 무언가를 만날 수 있을 것이다.

_____

_____

_____

_____

_____

옆쪽의 주술을 여러 번 반복하면서 그날의 감정이나 느낀 것, 결과를 기록하자.

Table symbols:

일주일	Day of the week
시간	Time
월상	Moon phase
별자리	Zodiac season
날씨	Weather
기록	Notes

새 관계 축복하기

Spell for... Blessing a new relationship

"씨를 뿌리고 주술의 강력한 표상과 행동의 싹을 키우자."

페그 알로이

준비할 것

작은 양초(소원 빌기용) 한 자루

흙이 들어간 그릇 한 개

꽃(또는 채소)씨 적당량

물 적당량

주술 거는 법

금성(비너스)은 '사랑', '가정', '사업', '창의성' 등 다양한 관계를 관장한다. 새로운 관계를 돈독히 하는 데 도움이 필요하다면 이 주술을 써보자. 초승달 밤, 작은 양초에 불을 붙이고 흙이 들어간 그릇에 꽃씨를 뿌린다. 위에 양초를 올려 "태양에 데워져 우리의 인연이 강하게 자라기를"이라고 읊는다. 다음으로 그릇에 물을 뿌리면서 "비로

굳어져 우리의 관계가 오래가기를"이라고 읊는다. 이것을 한 주에 한 번 한다.

실제로 싹이 나면 화분이나 집 밖에 옮겨 심어서 키우자.

"Warmed by Sun, may our union grow strong"

"태양에 데워져 우리의 인연이 강하게 자라기를."

당신은 어떤 만남에 설레거나, 두근거리거나,
가슴이 뛰는가. 또 그 만남을 어떻게 키우고 싶은가. 마음속의 자신과
대화하며 적어보자. 소원에 집중하여 기원의 성취를 끌어들이자.

_____

_____

_____

_____

_____

옆쪽의 주술을 여러 번 반복하면서 그날의 감정이나 느낀 것, 결과를 기록하자.

Table symbols:

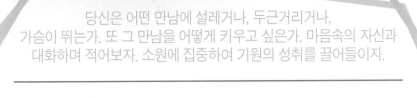		
일주일	Day of the week
시간	Time
월상	Moon phase
별자리	Zodiac season
날씨	Weather
기록	Notes

☀				
🕐				
🌙				
✦				
🌧				
🪶				

관계 오래 지속시키기

Spell for... Success in a continuing relationship

"주술에는 의지를 굳히기 위해 케이크와 와인이 쓰이는 경우가
많은데 음식과 음료의 조합이라면 뭐든지 좋다."

페그 알로이

 준비할 것

제단(또는 탁자) 한 대

와인(또는 주스) 한 잔

작은 케이크(또는 비스킷) 적당량

주술 거는 법

어떤 관계든 때로는 자극이 필요하다. 주술은 카운슬링이나 상담 상대를 대체할 수는 없으나, 주술로 매우 긍정적인 사고를 인간관계에 주입할 수는 있다.

제단에 와인과 작은 케이크를 올린다. 케이크를 들고 "들의 낟알이여, 우리의 관계를 키워다오"라고 주문을 읊은 뒤 한입 먹는다. 그 뒤 잔을 들고 "포도 열매여, 우리의 관계를 축복하라"라고 읊은 뒤 마신다. 케이크와 와인을 들고 "케이크와 와인. 나와 당신. 우리의 관계가 시간과 함께 성장하기를"이라고 주문을 읊는다.

파트너와 함께 교대로 주문을 읊는 것도 좋다.

*"Cakes and wine, mine and thine,
may our union grow with time"*

"케이크와 와인. 나와 당신. 우리의 관계가
시간과 함께 성장하기를."

당신은 연인이든 친구든 인간관계를 지속시키기 위해
무엇이 중요하다고 생각하는가. 사랑인가, 믿는 마음인가.
관계를 돈독히 하는 소중한 것을 생각하고 적어보자.
말이 되어 나타난 것을 통해 자신을 돌아보자.

_____

_____

_____

_____

_____

옆쪽의 주술을 여러 번 반복하면서 그 날의 감정이나 느낀 것, 결과를 기록하자.

Table symbols:

☀	일주일	Day of the week
🕐	시간	Time
🌙	월상	Moon phase
✦	별자리	Zodiac season
☁	날씨	Weather
🪶	기록	Notes

건강과 치유의 주술

HEALTH AND HEALING SPELLS

**"자신과 자신을 둘러싼 세계에 치유를 주입하자.
단 정통파 의학도 소홀히 하지 말자."**

에이프릴 매든

주술은 의학의 대용이 아니다. 동시에 세계 각지에서 우리의 선조가 수 세기 동안 경험을 통해 쌓아올린 다양한 발견은 무시당할 것이 아니다. 특히 약리학이나 의약품화학은 주술과 연금술의 개념에 많은 것을 힘입고 있다. 이러한 기술의 효과를 떠받치는 이론이 있었기 때문에 고대, 중세, 근세의 시술자들은 명운을 건 것이다. 약초나 화학반응에 대한 그들의 지식 없이는 현재 이용하고 있는 중요한 의약품의 대부분은 존재할 수 없었으리라. 다만 심각한 육체적, 정신적 질병을 앓고 있는 사람은 주술사가 아니라 의료 방면의 자격을 지닌 프로를 찾아가야 한다.

치유주술은 건강 유지에 효과적이다. 운동하기, 수분 보충하기, 잠자기, 균형 잡힌 식사하기, 자신에게 맞는 비타민과 미네랄 섭취하기 같은 특정한 일을 실행할 때 의식은 높은 효과를 발휘한다. 또 기침이나 감기 등 사소한 이상에 대처하는 데도 좋다(플라시보 효과도 있다. 예컨대 주술을 건 레몬 꿀 절임이나 허브티가 흔한 대처법보다 유용한 느낌이 큰 경우도 있다). 요가, 원시음 명상(PSM),

> 예로부터 역사적으로 주술은 주로 치유사, 조산사, 연금술사의 영역이었다.

태극권 등의 명상을 동반한 정신적, 육체적 활동도 눈에 보이지 않는 에너지가 원활하게 미치는 감각을 가져오며 마음을 정화하고 힘차고 유연하게 살아가는 데 힘을 보태줄 것이다.

치유주술은 인간 전용은 아니다(단 반려동물이 아플 때는 수의사의 진찰을 받자. 인간과 마찬가지로 반려동물도 의료가 필요하다). 세계 각지에서는 수백만 명의 사람들이 빈곤에서 유래하는 질병이나 심한 증상에 괴로워하고 있다. 주술을 홀리스틱 의학(전체론적 의학)으로 받아들일 수도 있다. 자신이나 소중한 사람을 위해 치유를 바랄 때는 이것을 더욱 넓은 세계관에서 생각할 필요가 있다. 자신처럼 치유가 필요한 사람이 있다는 것을 의식하고 그곳에도 에너지를 주입한다. 자신에게 치유주술을 걸기는 어렵다거나 불가능하다는 주술사도 있다. 아무리 서둘러 고치고 싶어도 몸은 이미 약해져 있어서 주술을 걸기 전부터 에너지는 면역 시스템을 기능시키느라 벅차기 때문이다. 즉, 주술을 건다면 건강 유지와 지구의 치유를 목적으로 하는 것이 최선일 것이다.

**"특정한 일을 실행하는 데
의식은 높은 효과를 발휘한다."**

15~16세기 연금술사이자
의사인 파라켈수스는 질병
을 치료하기 위해 화학약품
을 사용한 선구자다.

건강 유지

Spell for... Maintaining good health

"사과의 중심에 있는 오망성의 형상은
인체의 기능과 관련된 다섯 원소를 뜻한다고 한다."

페그 알로이

준비할 것

제단(또는 탁자) 한 대

양초(소원 빌기용, 분홍) 한 자루

사과 한 알

주술 거는 법

건강 유지 주술을 쓰는 것은 자신의 몸에 귀를 기울이는 것과 직결된다. 우선 제단에 양초를 올려놓고 불을 지피고, 사과를 수평으로 잘라 중심의 오망성 형상이 보이도록 한다. 그다음으로 "대기, 물, 불, 땅, 영혼의 다섯 원소의 힘으로 이 몸이 강해져 생명력으로 넘치기를. 이 마음이 맑아져 쾌활해지기를. 이 정신이 완전한 것이 되기를"이라고 주문을 읊는다. 이 사과는 먹어도 된다. 닷새 동안 이 의식을 반복하고 매일 원소의 하나에 대해 자신의 몸과의 관계를 염두에 두면서 명상하자.

대기는 폐 등의 호흡기관, 불은 심장과 소화기관, 물은 혈액과 신장, 땅은 근육과 영양, 영혼은 신념과 감정과 관련이 있다. 어떻게 하면 원소의 균형을 잡아 건강함을 유지할 수 있을지를 생각할 기회가 될 것이다.

---

*"May my body be strong and vital,
may my mind be clear and agile"*

"이 몸이 강해져 생명력으로 넘치기를.
이 마음이 맑아져 쾌활해지기를."

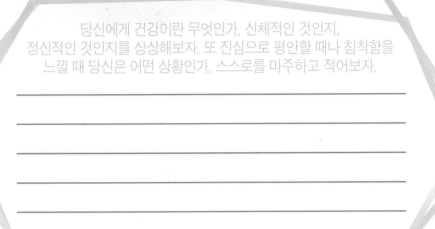

당신에게 건강이란 무엇인가. 신체적인 것인지,
정신적인 것인지를 상상해보자. 또 진심으로 평안할 때나 침착함을
느낄 때 당신은 어떤 상황인가. 스스로를 마주하고 적어보자.

_____

_____

_____

_____

_____

옆쪽의 주술을 여러 번 반복하면서 그날의 감정이나 느낀 것, 결과를 기록하자.

☀					
⏰					
🌙					
★					
☁					
✒					

건강 이상에 대처하기

Spell for... Healing a mild ailment

"건강한 습관을 활성화시키는 이 주술에 필요한 것은
양초와 허브티뿐이다."

페그 알로이

준비할 것

양초(소원 빌기용, 흰 색) 한 자루

허브티(취향에 맞는 것) 컵 한 잔

거울 하나

주술 거는 법

주술은 의료의 대용은 되지 않으나 정신적인 면의 작용이 무언가를 극복하거나 위안을 주는 데는 도움이 되기도 한다. 특히 스트레스에서 유래하는 문제나 컨디션 난조가 원인인 수면, 소화, 면역 시스템 이상에 이 주문은 큰 효과를 기대할 수 있다.

우선 양초에 불을 붙이고 긴장을 푼다. 서 있든 앉아 있든 상관없다. 거울을 보고 세 번 "나는 완전하고 건강하다. 나는 건강한 습관을 실천하고 있다. 나는 건강을 챙기고 있다"라고 주문을 읊고 허브티를 마신다. 다음 날부터는 수면 환경 조정하기, 허브티 마시기, 귀찮아하지 않고 손 씻기, 평소보다 길게 신선한 공기 마시기, 건강한 것을 먹기 등 하루에 하나씩 건강한 습관을 루틴에 넣어보자.

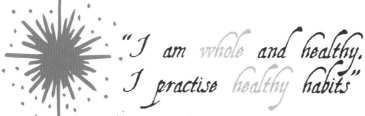

"I am whole and healthy.
I practise healthy habits"

"나는 완전하고 건강하다.
나는 건강한 습관을 실천하고 있다."

당신에게 기운을 주는 것은 무엇인가
사람이든 물건이든 음악이든 말이든, 무언가 행동하는 것이어도 좋다.
자신이 기운을 얻는 것을 적어보자.
이거다 하는 것을 발견하면 필요할 때 실천하다.

_____

_____

_____

_____

_____

옆쪽의 주술을 여러 번 반복하면서 그날의 감정이나 느낀 것, 결과를 기록하자.

Table symbols:

일주일	Day of the week
시간	Time
월상	Moon phase
별자리	Zodiac season
날씨	Weather
기록	Notes

☀					
🕐					
🌙					
✦					
🌧					
🪶					

지구 치유

Spell for... Healing the Earth

"우리는 모두 지구와 이어져 있다. 이 주술은 그것을 떠올리게 하며,
해야 할 일을 하도록 말을 걸어온다."

페그 알로이

준비할 것

없음

주술 거는 법

세계 환경이나 정치 문제를 극복하는 것은 불가능하게 느껴질 때가 있다. 하지만 한편 기도와 적극적인 활동, 주술은 하나가 되어 긍정적인 변화를 일으키고 우리에게 함께 행동하도록 말을 걸어온다.

이 주술에 필요한 것은 당신 자신뿐이다. 날씨가 좋은 날에 밖에 나가 발이 땅이 잘 닿는 곳으로 간다. 서 있든 앉아 있든 상관없다. 또 맨발이어도 좋다. 눈을 감고 발이 지구와 이어져 있는 모습을 상상하고, 발이 나무뿌리처럼 깊은 땅속까지 뻗어 몸과 지구가 빈틈없이 이어져 있는 것을 느끼자. 지구의 에너지를 몸속에 받아들여 그 굳셈, 힘참, 태고의 지혜가 손가락과 정수리까지 퍼지는 것을 실감하라. 이것을 되도록 자주 되풀이하면서 지구, 공동체, 세계를 돕는 활동으로 이끌어주도록 빌자.

"Draw up the Earth's energy
into your body,
feeling its solidity"

"지구의 에너지를 몸속에 받아들여,
그 강고함을 실감한다."

당신은 지구의 에너지에 둘러싸여 하루하루를 보내고 있다. 당신과 지구는 하나다. 당신에게 지구란 무엇인지를 생각하고 적어보자. 매일의 생활 속에서 지구를 위해 할 수 있는 좋은 일이 있다면 루틴으로 삼자.

_____

_____

_____

_____

_____

옆쪽의 주술을 여러 번 반복하면서 그날의 감정이나 느낀 것, 결과를 기록하자.

Table symbols:

일주일 Day of the week

시간 Time

월상 Moon phase

별자리 Zodiac season

날씨 Weather

기록 Notes

가호의 주술
SPELLS FOR PROTECTION

**"아주 살짝 주술의 힘을 빌려
자기 자신, 사랑하는 사람, 집을 지키자."**

에이프릴 매든

동화나 민화에는 마법의 가호가 자주 등장한다. 마법의 가호는 영웅을 지키는 방패 등 마법적인 물건인 경우도 있는가 하면, 아서 왕 전설에 나오는 전설의 섬 아발론처럼 안개나 환각의 벽으로 외계로부터 차단된 공간이나 장소이기도 하다. 수호정령의 전설도 잊어서는 안 된다. 아일랜드의 일부 부족 사이에서는 오브라이언족을 지키는 여성 페어리, 아이펠 등의 수호정령 이야기가 전해 내려온다.

주술 입문자가 먼저 배우는 것 중 하나가 마법진을 그리는 법이다. 많은 주술 전통의 습득은 우선 삼중원을 그리는 법부터 시작하며, 입문자는 주술로 삼중으로 지켜지게 된다. 삼중원은 대개 시각화된 빛, 물, 소금으로 그린다. 입문자에게 중요한 것은 명상이나 의식 중에 안전하게 지켜진다는 감각이다. 하나가 아닌 삼중의 원을 사용하는 이유도 여기에 있다.

우리는 자신뿐만 아니라 소중한 사람도 지키고 싶다고 생각할 것이다. 거기서 큰 효과를 발휘하는 것이 부적이다. 꼭 특별히 신기한 물건일 필요는 없다. 가호의 주술로 친숙한 헤마타이트 등

많은 크리스털은 반지, 팔찌, 목걸이로서 부담 없는 가격에 팔리고 있어서 부담 없이 찰 수 있다.

가호주술에서는 집을 지키는 것도 중요한 포인트다. 여기서도 주술은 기본적인 안전 대책의 대용이 되지 않으나, 방범에 신경질적인 사람이나 불안을 느끼는 사람이라면 집을 지키는 의식을 치르는 것을 통해 분명 안심감을 얻을 수 있을 것이다. 그리고 다음에 소개하는 주술(p126)이라면, 그 자리를 물리적으로 정화하는 것도 가능하다. 가호주술에서 가장 중요한 도구는 소금이다. 소금은 그 자리를 정화하고 부정적인 에너지를 흡수하며 방벽을 형성한다. 평범한 식용소금으로 충분하지만 여기저기에 소금을 뿌리거나 며칠마다 카펫에 청소기를 돌리기 귀찮다면 자신만의 솔트 크리스털을 만들어 창턱에 놓아두면 어떨까(소금, 증류수, 소독한 병, 끈, 클립, 봉, 고무줄을 준비한다. 증류수를 끓여 병에 붓고, 소금을 잔뜩 녹인다. 클립에 끈을 달고 또 봉에 묶어 일주일 정도 끈기 있게 그대로 두면 끈 주위에 소금이 결정화된다). 아니면 세련된 히말라야 암염 램프를 사서 집의 되도록 중앙에 두는 것도 추천한다.

*부적은 주술적으로
보일 필요는 없다.
보석이나
키홀더도 좋다!*

"가호주술에서 가장 중요한 도구는 소금이다."

자신을 위한 가호

Spell for... Self protection

"헤마타이트는 기초 만들기나 안심감을 얻기 위한 주술에서
빈번히 쓰인다."

페그 알로이

준비할 것

양초(파랑 혹은 검정) 한 자루

헤마타이트 하나

자루 하나

드라이 바질 적당량

주술 거는 법

연구에 따르면 자신감을 가지고 행동하는 사람은 범죄 피해를 볼 확률이 낮다고 한다. 행동에 따라서 자신의 힘을 느끼거나 안심감을 얻기도 한다. 이 주술은 가호의 부적을 만드는 방법이기도 하다.

우선 양초에 불을 붙이고 헤마타이트와 바질을 자루에 넣는다. 자루를 닫으면서 "나는 안전하다. 나는 안전에 주의하며 행동한다. 나는 의식과 용기를 갖고 세상을 살아간다"라고 주문을 읊는다. 외출할 때나 불안해질 것 같은 곳에 갈 때는 주머니에 넣어두거나 목에 걸어서 이 부적을 휴대한다. 주위를 의식하면서 어떤 문제에든 맞설 자신감을 가지고 움직이는 감각을 익히자.

"I am safe, I practise safety and caution,
I move through the world with awareness and courage"

"나는 안전하다. 나는 안전에 주의하며 행동한다.
나는 의식과 용기를 갖고 세상을 살아간다."

부정적인 일이나 불길한 일을 의식하는 것은 건강하지 못하다.
당신에게 편안함이나 안심감이란 무엇인가.
또 그것들을 주는 것은 무엇인지를 생각하고 적어보자.
생각하다 보면 긍정적인 에너지에 감싸일 것이다.

_____

_____

_____

_____

_____

옆쪽의 주술을 여러 번 반복하면서 그날의 감정이나 느낀 것, 결과를 기록하자.

다른 사람을 위한 가호

Spell for... Protecting others

"누구나 사랑하는 사람을 지키고 싶다고 바란다.
이 주술에는 강력한 가호의 힘을 지닌 소금을 사용한다."

페그 알로이

준비할 것

제단(또는 탁자) 한 대

양초(흰 색) 한 자루

소중한 사람의 사진 한 장

소금 적당량

주술 거는 법

이 주술은 사랑하는 사람을 축복하고 그 사람의 안전이나 편안함을 가시화할 수 있다. 제단 위에 소중한 사람의 사진을 두고 그 앞에 양초를 두고 불을 붙인다. 사진 주위에 소금으로 원을 그리고 사진을 바라보자.

양초의 빛이 사진을 감싸고 사진의 사람이 흰 가호의 빛에 감싸여 있는 모습을 상상하고 "지구의 고리, 가호의 빛이여. 밤에도 낮에도 이 사람을 지켜주소서"라고 주문을 읊는다. 하루에 한 번, 혹은 자신의 마음에 따라 이 주술을 반복하자.

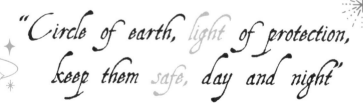

*"Circle of earth, light of protection,
keep them safe, day and night"*

"지구의 고리, 가호의 빛이여.
밤에도 낮에도 그 사람을 지켜주소서."

소중한 사람이나 물건을 지키고 싶다고 생각하는 것은 지극히 평범한 일이다. 다만 과보호는 금물이다. 지나치면 스트레스의 원인이 되기도 한다. 소중하게 여기는 사람이나 물건에 안심감과 든든함을 주기 위해 무엇을 할 수 있을지를 생각하며 적어보자.

_____

_____

_____

_____

_____

옆쪽의 주술을 여러 번 반복하면서 그날의 감정이나 느낀 것, 결과를 기록하자.

Table symbols:

☀	일주일	Day of the week
🕐	시간	Time
🌙	월상	Moon phase
✦⋯	별자리	Zodiac season
☔	날씨	Weather
🪶	기록	Notes

집의 가호

Spell for... Protecting the home

"수 세기 동안 로즈마리는 정화와 가호의 주술에 쓰여왔다."

페그 알로이

준비할 것

드라이 로즈마리 적당량

소금 적당량

작은 거울 여러 장

작은 그릇 하나

주술 거는 법

집에 있어도 평안을 느낄 수 없다면 생활 자체가 불안정해진다. 주술은 현실의 안전 대책을 대체할 수는 없으므로 신뢰할 수 있는 친구의 조언이나 문 자물쇠 교환 등을 할 필요가 있다면 제대로 대처하고 소홀히 하지 말자.

이 주술은 집 주위에 가호의 에너지를 친다. 우선 로즈마리에 소금을 뿌린다. 집 주위를 시계 방향으로 돌면서 소금을 뿌린 로즈마리를 각 모퉁이, 각 출입구 옆, 각 창문 아래에 둔다. 각각의 모퉁이와 입구에서 "지구의 힘으로 여기 들어오려는 모든 부정적인 것을 추방한다"라고 주문을 읊는다. 그리고 작은 거울을 각 창문 정면에 하나씩 약간 위를 향해 둔다. 거울을 놓을 때는 "모든 부정적인 것, 사악한 것이여, 그대는 이 거울을 지나갈 수 없다"라고 주문을 읊는다.

"By the power of earth, I banish all negative entities from entering here"

"지구의 힘으로 여기 들어오려는 모든 부정적인 것을 추방한다."

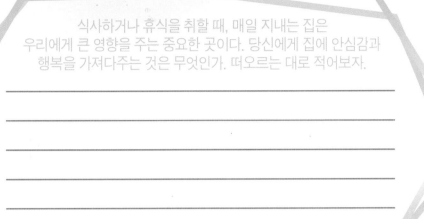

식사하거나 휴식을 취할 때, 매일 지내는 집은
우리에게 큰 영향을 주는 중요한 곳이다. 당신에게 집에 안심감과
행복을 가져다주는 것은 무엇인가. 떠오르는 대로 적어보자.

_____

_____

_____

_____

_____

옆쪽의 주술을 여러 번 반복하면서 그날의 감정이나 느낀 것, 결과를 기록하자.

Table symbols:

일주일	Day of the week
시간	Time
월상	Moon phase
별자리	Zodiac season
날씨	Weather
기록	Notes

☀				
🕐				
🌙				
✦				
🌧				
🪶				

주술의 세계

초판 1쇄 인쇄 2024년 9월 10일
초판 1쇄 발행 2024년 9월 15일

저자 : Future Publishing
번역 : 강영준

펴낸이 : 이동섭
편집 : 이민규
디자인 : 조세연
영업·마케팅 : 송정환, 조정훈, 김려홍, 박소진
e-BOOK : 홍인표, 최정수, 서찬웅, 김은혜, 정희철, 김유빈
관리 : 이윤미

㈜에이케이커뮤니케이션즈
등록 1996년 7월 9일(제302-1996-00026호)
주소 : 08513 서울특별시 금천구 디지털로 178, B동 1805호
TEL : 02-702-7963~5 FAX : 0303-3440-2024
http://www.amusementkorea.co.kr

ISBN 979-11-274-8008-0 03900

창작을 위한 자료집

AK 트리비아 시리즈

-AK TRIVIA BOOK

환상 네이밍 사전

신키겐샤 편집부 지음 │ 유진원 옮김
의미 있는 네이밍을 위한 1만3,000개 이상의 단어

중2병 대사전

노무라 마사타카 지음 │ 이재경 옮김
중2병의 의미와 기원 등, 102개의 항목 해설

크툴루 신화 대사전

고토 카츠 외 1인 지음 │ 곽형준 옮김
대중 문화 속에 자리 잡은 크툴루 신화의 다양한 요소

문양박물관

H. 돌메치 지음 │ 이지은 옮김
세계 각지의 아름다운 문양과 장식의 정수

고대 로마군 무기 · 방어구 · 전술 대전

노무라 마사타카 외 3인 지음 │ 기미정 옮김
위대한 정복자, 고대 로마군의 모든 것

도감 무기 갑옷 투구

이치카와 사다하루 외 3인 지음 │ 남지연 옮김
무기의 기원과 발전을 파헤친 궁극의 군장도감

중세 유럽의 무술, 속 중세 유럽의 무술

오사다 류타 지음 │ 남유리 옮김
중세 유럽~르네상스 시대에 활약했던 검술과 격투술

최신 군용 총기 사전

토코이 마사미 지음 │ 오광웅 옮김
세계 각국의 현용 군용 총기를 총망라

초패미컴, 초초패미컴

타네 키요시 외 2인 지음 │ 문성호 외 1인 옮김
100여 개의 작품에 대한 리뷰를 담은 영구 소장판

초쿠소게 1,2

타네 키요시 외 2인 지음 │ 문성호 옮김
망작 게임들의 숨겨진 매력을 재조명

초에로게, 초에로게 하드코어

타네 키요시 외 2인 지음 │ 이은수 옮김
엄격한 심사(?!)를 통해 선정된 '명작 에로게'

세계의 전투식량을 먹어보다

키쿠즈키 토시유키 지음 │ 오광웅 옮김
전투식량에 관련된 궁금증을 한 권으로 해결

세계장식도 1, 2

오귀스트 라시네 지음 │ 이지은 옮김
공예 미술계 불후의 명작을 농축한 한 권

서양 건축의 역사

사토 다쓰키 지음 │ 조민경 옮김
서양 건축의 다양한 양식들을 알기 쉽게 해설

세계의 건축

코우다 미노루 외 1인 지음 │ 조민경 옮김
세밀한 선화로 표현한 고품격 건축 일러스트 자료집

지중해가 낳은 천재 건축가 -안토니오 가우디

이리에 마사유키 지음 │ 김진아 옮김
천재 건축가 가우디의 인생, 그리고 작품

민족의상 1,2

오귀스트 라시네 지음 │ 이지은 옮김
시대가 흘렀음에도 화려하고 기품 있는 색감

중세 유럽의 복장

오귀스트 라시네 지음 │ 이지은 옮김
특색과 문화가 담긴 고품격 유럽 민족의상 자료집

그림과 사진으로 풀어보는 이상한 나라의 앨리스

구와바라 시게오 지음 │ 조민경 옮김
매혹적인 원더랜드의 논리를 완전 해설

그림과 사진으로 풀어보는 알프스 소녀 하이디

지바 가오리 외 지음 │ 남지연 옮김
하이디를 통해 살펴보는 19세기 유럽사

영국 귀족의 생활

다나카 료조 지음 │ 김상호 옮김
화려함과 고상함의 이면에 자리 잡은 책임과 무게

요리 도감

오치 도요코 지음 │ 김세원 옮김
부모가 자식에게 조곤조곤 알려주는 요리 조언집

사육 재배 도감

아라사와 시게오 지음 │ 김민영 옮김
동물과 식물을 스스로 키워보기 위한 알찬 조언

식물은 대단하다

다나카 오사무 지음 │ 남지연 옮김
우리 주변의 식물들이 지닌 놀라운 힘

그림과 사진으로 풀어보는 마녀의 약초상자

니시무라 유코 지음 │ 김상호 옮김
「약초」라는 키워드로 마녀의 비밀을 추적

초콜릿 세계사

다케다 나오코 지음 │ 이지은 옮김
신비의 약이 연인 사이의 선물로 자리 잡기까지